# SÉBASTIEN FAURE

# ALMANACH ANARCHISTE

## Pour 1892

Prix : 50 cent.

En vente à Paris

PÈRE PEINARD

# SÉBASTIEN FAURE

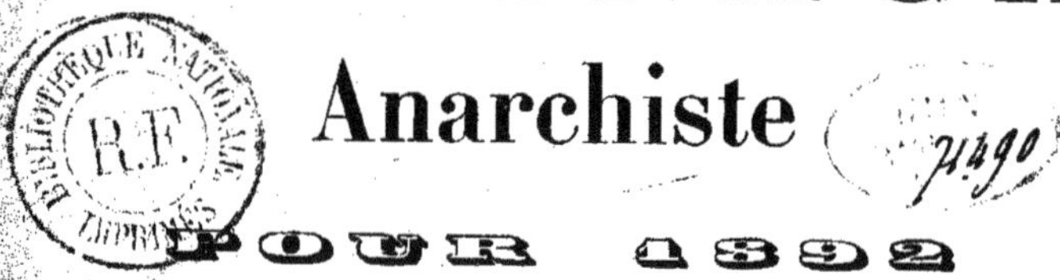

# ALMANACH
## Anarchiste
## POUR 1892



---

**SAISONS**

| | | | |
|---|---|---|---|
| Printemps ......... | 20 Mars. | Automne ...... | 22 Septembre. |
| Été ............... | 20 Juin. | Hiver ......... | 21 Décembre. |

---



## En Vente à Paris

### AUX BUREAUX DE

| LA RÉVOLTE | LE PÈRE PEINARD |
|---|---|
| *140, rue Mouffetard* | *4 bis, rue d'Orsel* |

# JANVIER 1892 — FÉVRIER — MARS

| JANVIER 1892 | | | | FÉVRIER | | | | MARS | | |
|---|---|---|---|---|---|---|---|---|---|---|
| PQ le 7. | | DQ le 22. | | PQ le 5 | | DQ le 21 | | PQ le 5 | | DQ le 21 |
| PL le 14. | | NL le 29. | | PL le 12 | | NL le 28 | | PL le 13 | | NL le 28 |

| Les jours augmentent de 1 h. 4 m. | | | Les jours augmentent de 1 h. 32 m. | | | Les jours augmentent de 1 h. 52 m. | | |
|---|---|---|---|---|---|---|---|---|
| 1 | ven. | Circoncision | 1 | lundi | s. Ignace | 1 | mardi | s. Aubin |
| 2 | samedi | s. Basile | 2 | mardi | **Purification** | 2 | mer. | **Cendres** |
| 3 | **Dim.** | ste Geneviève | 3 | mer. | s. Blaise | 3 | jeudi | s. Marin |
| 4 | lundi | s. Rigobert | 4 | jeudi | s. Gilbert | 4 | ven. | s. Casimir |
| 5 | mardi | ste Amélie | 5 | ven. | ste Agathe | 5 | samedi | s. Adrien |
| 6 | mer. | **Epiphanie** | 6 | samedi | ste Dorothée | 6 | **Dim.** | **Quadragésime** |
| 7 | jeudi | ste Mélanie | 7 | **Dim.** | s. Romuald | 7 | lundi | s. Thomas d'Aquin |
| 8 | ven. | s. Lucien | 8 | lundi | s. Jean de M. | 8 | mardi | ste Véronique |
| 9 | samedi | s. Marcellin | 9 | mardi | ste Apollonie | 9 | mer. | ste Françoise |
| 10 | **Dim.** | s. Paul, ermite | 10 | mer. | ste Scholastique. | 10 | jeudi | s. Doctrové |
| 11 | lundi | s. Théodose. | 11 | jeudi | s. Adolphe | 11 | ven. | s. Euloge |
| 12 | mardi | s. Arcade | 12 | ven. | ste Eulalie | 12 | samedi | s. Marius |
| 13 | mer. | **Bapt. N.-S.** | 13 | samedi | s. Lezin | 13 | **Dim.** | **Reminiscere** |
| 14 | jeudi | s. Hilaire | 14 | **Dim.** | **Septuagésime** | 14 | lundi | ste Mathilde |
| 15 | ven. | s. Maur | 15 | lundi | s. Faustin | 15 | mardi | s. Zacharie |
| 16 | samedi | s. Marcel | 16 | mardi | ste Julienne | 16 | mer. | s. Cyriaque |
| 17 | **Dim.** | s. Antoine | 17 | mer. | s. Théodule | 17 | jeudi | s. Patrice |
| 18 | lundi | ste Prisca | 18 | jeudi | s. Siméon | 18 | ven. | s. Alexandre |
| 19 | mardi | s. Sulpice | 19 | ven. | s. Gabin | 19 | samedi | s. Joseph |
| 20 | mer. | s. Sébastien | 20 | samedi | s. Sylvain | 20 | **Dim.** | **Oculi** |
| 21 | jeudi | ste Agnès | 21 | **Dim.** | **Sexagésime** | 21 | lundi | s. Benoît |
| 22 | ven. | s Vincent | 22 | lundi | ste Isabelle | 22 | mardi | ste Léa |
| 23 | samedi | s. Raymond | 23 | mardi | s. Gérard | 23 | mer. | s. Victorien |
| 24 | **Dim.** | s. Babylas | 24 | mer. | s. Edilbert | 24 | jeudi | s. Timothée |
| 25 | lundi | Conv. s. Paul | 25 | jeudi | s. Mathias | 25 | ven. | **Annonciation** |
| 26 | mardi | ste Paule | 26 | ven. | s. Porphyre | 26 | samedi | s. Emmanuel |
| 27 | mer. | s. Julien | 27 | samedi | ste Honorine | 27 | **Dim.** | **Lætare** |
| 28 | jeudi | s. Charlemagne | 28 | **Dim.** | **Quinquagésime** | 28 | lundi | s. Gontrand |
| 29 | ven. | s François de Sales | 29 | lundi | s. Nestor | 29 | mardi | s. Eustase |
| 30 | samedi | ste Martine | | | | 30 | mer. | s. Amédée |
| 31 | **Dim.** | ste Marcelle | | | | 31 | jeudi | s. Benjamin |

## AVRIL

PQ le 4. | DQ le 20.
PL le 12. | NL le 26.

Les jours augmentent de 1 h. 43 m.

| | | |
|---|---|---|
| 1 | ven. | s. Hugues |
| 2 | samedi | s. François de P. |
| 3 | **Dim.** | **PASSION** |
| 4 | lundi | s. Isidore |
| 5 | mardi | s. Vincent F. |
| 6 | mer. | s. Prudent |
| 7 | jeudi | s. Clotaire |
| 8 | ven. | s. Albert |
| 9 | samedi | ste Marie Ég. |
| 10 | **Dim.** | **RAMEAUX** |
| 11 | lundi | s. Léon |
| 12 | mardi | s. Jules |
| 13 | mer. | ste Ida |
| 14 | jeudi | s. Tiburce |
| 15 | ven. | **Vendredi Saint** |
| 16 | samedi | s. Fructueux |
| 17 | **Dim.** | **PAQUES** |
| 18 | lundi | **Férié** |
| 19 | mardi | s. Socrate |
| 20 | mer. | s. Théodore |
| 21 | jeudi | s. Anselme |
| 22 | ven. | s. Léonide |
| 23 | samedi | s. Georges |
| 24 | **Dim.** | **Quasimodo** |
| 25 | lundi | s. Marc |
| 26 | mardi | s. Clet |
| 27 | mer. | s. Frédéric |
| 28 | jeudi | s. Aimé |
| 29 | ven | s. Robert |
| 30 | samedi | s. Eutrope |

## MAI

PQ le 3. | DQ le 19.
PL le 11. | NL le 26.

Les jours augmentent de 1 h. 20 m.

| | | |
|---|---|---|
| 1 | **Dim** | ss. Jacques et Philippe |
| 2 | lundi | s. Athanase |
| 3 | mardi | **Invention Ste Croix** |
| 4 | mer. | ste Monique |
| 5 | jeudi | s. Pie V |
| 6 | ven. | s. Jean Porte-Latine |
| 7 | samedi | s. Stanislas |
| 8 | **Dim** | s. Désiré |
| 9 | lundi | s. Grégoire Naz. |
| 10 | mardi | s. Antonin |
| 11 | mer. | s. Mamert |
| 12 | jeudi | s. Achille |
| 13 | ven. | s. Servais |
| 14 | samedi | s. Boniface |
| 15 | **Dim.** | ste Denise |
| 16 | lundi | s. Honoré |
| 17 | mardi | s. Pascal |
| 18 | mer. | s. Venant |
| 19 | jeudi | s. Yves |
| 20 | ven. | s. Bernardin |
| 21 | samedi | ste Giselle |
| 22 | **Dim.** | s. Emile |
| 23 | lundi | **Rogations** |
| 24 | mardi | ste Angèle |
| 25 | mer. | s. Urbain |
| 26 | jeudi | **ASCENSION** |
| 27 | ven. | s. Ildevert |
| 28 | samedi | s. Olivier |
| 29 | **Dim.** | s. Maximin |
| 30 | lundi | s. Ferdinand |
| 31 | mardi | ste Pétronille |

## JUIN

PQ le 2. | DQ le 17.
PL le 10. | NL le 21.

Les jours augmentent de 17 minutes

| | | |
|---|---|---|
| 1 | mer. | s. Fortuné |
| 2 | jeudi | ste Emilie |
| 3 | ven. | ste Clotilde |
| 4 | samedi | s. Optat |
| 5 | **Dim.** | **PENTECOTE** |
| 6 | lundi | **Férié** |
| 7 | mardi | s. Lié |
| 8 | mer. | s. Médard |
| 9 | jeudi | s. Félicien |
| 10 | ven. | s. Landry |
| 11 | samedi | s. Barnabé |
| 12 | **Dim.** | **TRINITÉ** |
| 13 | lundi | s. Antoine P. |
| 14 | mardi | s. Rufin |
| 15 | mer. | ste Germaine |
| 16 | jeudi | **FÊTE-DIEU** |
| 17 | ven. | s. Avit |
| 18 | samedi | s. Florentin |
| 19 | **Dim.** | s. Gervais |
| 20 | lundi | s. Silvère |
| 21 | mardi | s. Méen |
| 22 | mer. | s. Alban |
| 23 | jeudi | s. Félix |
| 24 | ven. | **Nativité s. J.-B.** |
| 25 | samedi | s. Prosper |
| 26 | **Dim.** | s. David |
| 27 | lundi | s. Crescent |
| 28 | mardi | s. Fabien |
| 29 | mer. | **ss. Pierre et Paul** |
| 30 | jeudi | ste Emilienne |

| JUILLET | | | AOÛT | | | SEPTEMBRE | | |
|---|---|---|---|---|---|---|---|---|
| PQ le 2. PL le 10. DQ le 17. NL le 23. PQ le 31. | | | PL le 8. DQ le 15. | NL le 22. PQ le 20. | | PL le 6. DQ le 13. | NL le 21. PQ le 29. | |
| Les jours diminuent de 58 minutes | | | Les jours diminuent de 1 h. 38 m. | | | Les jours diminuent de 1 h. 46 m. | | |
| 1 | ven. | s. Martial | 1 | lundi | s. Pierre ès Liens | 1 | jeudi | ss. Leu et Gilbert |
| 2 | samedi | **Visitation de la V.** | 2 | mardi | s. Alphonse | 2 | ven. | s. Lazare |
| 3 | **Dim.** | s. Anatole | 3 | mer. | s. Geoffroy | 3 | samedi | s. Grégoire |
| 4 | lundi | ste Berthe | 4 | jeudi | s. Dominique | 4 | **Dim.** | ste Rosalie |
| 5 | mardi | ste Zoé | 5 | ven. | s. Abel | 5 | lundi | s. Bertin |
| 6 | mer. | ste Dominique | 6 | samedi | **Tr. N.-S.** | 6 | mardi | s. Onésiph. |
| 7 | jeudi | ste Aubierge | 7 | **Dim.** | s. Gaëtan | 7 | mer. | s. Cloud |
| 8 | ven. | ste Virginie | 8 | lundi | s. Justin | 8 | jeudi | **Nat. de la V.** |
| 9 | samedi | s. Cyrille | 9 | mardi | s. Amour | 9 | ven. | s. Omer |
| 10 | **Dim.** | ste Félicité | 10 | mer. | s. Laurent | 10 | samedi | ste Pulchérie |
| 11 | lundi | s. Norbert | 11 | jeudi | ste Suzanne | 11 | **Dim.** | s. Hyacinthe |
| 12 | mardi | s. Gualbert | 12 | ven. | ste Claire | 12 | lundi | s. Séraphin |
| 13 | mer. | s. Eugène | 13 | samedi | s. Hippolyte | 13 | mardi | s. Maurille |
| 14 | jeudi | **FÊTE NATIONALE** | 14 | **Dim.** | s. Eusèbe | 14 | mer. | **Exalt. Ste Croix** |
| 15 | ven. | s. Henri | 15 | lundi | **ASSOMPTION** | 15 | jeudi | s. Nicomède |
| 16 | samedi | s. Hélier | 16 | mardi | s. Roch | 16 | ven. | s. Cyprien |
| 17 | **Dim.** | s. Alexis | 17 | mer. | s. Septime | 17 | samedi | s. Lambert |
| 18 | lundi | s. Camille | 18 | jeudi | ste Hélène | 18 | **Dim.** | ste Sophie |
| 19 | mardi | s. Vincent P. | 19 | ven. | s. Flavien | 19 | lundi | s. Janvier |
| 20 | mer. | ste Marguerite | 20 | samedi | s. Bernard | 20 | mardi | s. Eustache |
| 21 | jeudi | s. Victor | 21 | **Dim.** | ste Jeanne | 21 | mer. | s. Mathieu |
| 22 | ven. | ste Marie Madeleine | 22 | lundi | s. Symphorien | 22 | jeudi | s. Maurice |
| 23 | samedi | s Apollinaire | 23 | mardi | ste Sidonie | 23 | ven. | s. Lin, pape |
| 24 | **Dim.** | ste Christine | 24 | mer. | s. Barthélemy | 24 | samedi | s. Andoche |
| 25 | lundi | s. Christophe | 25 | jeudi | s. Louis, roi | 25 | **Dim.** | s. Firmin |
| 26 | mardi | ste Anne | 26 | ven. | s Zéphirin | 26 | lundi | ste Justine |
| 27 | mer. | ste Natalie | 27 | samedi | s. Césaire | 27 | ma-di | s. Côme |
| 28 | jeudi | s. Samson | 28 | **Dim.** | s. Augustin | 28 | mer. | s. Wenceslas |
| 29 | ven. | ste Marthe | 29 | lundi | s. Médéric | 29 | jeudi | s. Michel |
| 30 | samedi | s. Abdon | 30 | mardi | s. Fiacre | 30 | ven. | s. Jérôme |
| 31 | **Dim.** | s. Germain | 31 | mer. | s. Aristide | | | |

| OCTOBRE | | |
| --- | --- | --- |
| PL le 6. | | NL le 20. |
| DQ le 12. | | PQ le 28. |

Les jours diminuent de 1 h. 47 m.

| | | |
| --- | --- | --- |
| 1 | samedi | s. Rémi, évêque |
| 2 | **Dim.** | ss. Anges gardiens |
| 3 | lundi | s. Fauste |
| 4 | mardi | s. François d'Assises |
| 5 | mer. | s. Constant |
| 6 | jeudi | s. Arthur |
| 7 | ven. | s. Serge |
| 8 | samedi | ste Brigitte |
| 9 | **Dim.** | s. Denis |
| 10 | lundi | s. Paulin |
| 11 | mardi | s. Quirin |
| 12 | mer. | s. Wilfrid |
| 13 | jeudi | s. Edouard |
| 14 | ven. | s. Calixte |
| 15 | samedi | ste Thérèse |
| 16 | **Dim.** | s. Léopold |
| 17 | lundi | ste Edwige |
| 18 | mardi | s. Luc, évangéliste |
| 19 | mer. | s Savinien |
| 20 | jeudi | s. Aurélien |
| 21 | ven. | ste Céline |
| 22 | samedi | s. Modéran |
| 23 | **Dim.** | s. Hilarion |
| 24 | lundi | s. Raphaël |
| 25 | mardi | s. Crépin |
| 26 | mer. | s. Evariste |
| 27 | jeudi | s. Abraham |
| 28 | ven. | s. Alfred |
| 29 | samedi | s. Donat |
| 30 | **Dim.** | s. Arsène |
| 31 | lundi | s. Narcisse |

| NOVEMBRE | | |
| --- | --- | --- |
| PL le 4. | | NL le 19. |
| DQ le 11. | | PQ le 27. |

Les jours diminuent de 1 h. 22 m.

| | | |
| --- | --- | --- |
| 1 | mardi | **TOUSSAINT** |
| 2 | mer. | **Les Morts** |
| 3 | jeudi | s. Hubert |
| 4 | ven. | s. Charles |
| 5 | samedi | s. Théotime |
| 6 | **Dim.** | s. Léonard |
| 7 | lundi | s. Ernest |
| 8 | mardi | stes Reliques |
| 9 | mer. | s. Mathurin |
| 10 | jeudi | s. Juste |
| 11 | ven. | s. Martin |
| 12 | samedi | s. René |
| 13 | **Dim.** | s. Stanislas K. |
| 14 | lundi | ste Philomène |
| 15 | mardi | ste Eugénie |
| 16 | mer. | s. Edme |
| 17 | jeudi | s. Agnan |
| 18 | ven. | s. Maxime |
| 19 | samedi | ste Elisabeth |
| 20 | **Dim.** | s. Edmond |
| 21 | lundi | **Prés. de la Vierge** |
| 22 | mardi | ste Cécile |
| 23 | mer. | s. Clément |
| 24 | jeudi | ste Flora |
| 25 | ven. | ste Catherine |
| 26 | samedi | ste Delphine |
| 27 | **Dim.** | **AVENT** |
| 28 | lundi | s. Sosthène |
| 29 | mardi | s. Saturnin |
| 30 | mer. | s. André |

| DÉCEMBRE | | |
| --- | --- | --- |
| PL le 4. | | NL le 19. |
| DQ le 11. | | PQ le 26. |

Les jours diminuent de 19 minutes

| | | |
| --- | --- | --- |
| 1 | jeudi | s. Eloi |
| 2 | ven. | ste Aurélie |
| 3 | samedi | s. François Xavier |
| 4 | **Dim.** | ste Barbe |
| 5 | lundi | s. Sabas |
| 6 | mardi | s. Nicolas |
| 7 | mer. | s. Ambroise |
| 8 | jeudi | **Immaculée Conc.** |
| 9 | ven. | ste Léocadie |
| 10 | samedi | ste Julie |
| 11 | **Dim.** | s. Damase |
| 12 | lundi | ste Constance |
| 13 | mardi | ste Lucie |
| 14 | mer. | s. Nicaise |
| 15 | jeudi | s. Irénée |
| 16 | ven. | ste Adélaïde |
| 17 | samedi | ste Olympe |
| 18 | **Dim.** | s. Gatien |
| 19 | lundi | s. Timoléon |
| 20 | mardi | ste Philogone |
| 21 | mer. | s. Thomas |
| 22 | jeudi | s. Honorat |
| 23 | ven. | ste Victoire |
| 24 | samedi | ste Irmine |
| 25 | **Dim.** | **NOEL** |
| 26 | lundi | s. Etienne |
| 27 | mardi | s. Jean, apôtre |
| 28 | mer. | ss. Innocents |
| 29 | jeudi | ste Eléonore |
| 30 | ven. | s. Roger |
| 31 | samedi | s. Sylvestre |

# JANVIER

**1ᵉʳ JANVIER 1890.** — *Etrennes des travailleurs.* — Le conducteur de bestiaux Dechaux, sans ouvrage depuis le chômage des abattoirs, expire de faim dans un terrain vague, à Pantin. Ce vieillard travaillait depuis soixante ans. Quatre lignes à la troisième page des journaux, sans aucun commentaire.

Combien de prolétaires s'éteignent de même silencieusement pendant que les *classes dirigeantes* vivent au sein d'un luxe scandaleux et que les magasins regorgent de produits !

———

**2 JANVIER 1885.** — *Procès d'Auguste Reinsdorf et de ses amis, devant la cour de Leipzig.* — Reinsdorf, ouvrier typographe et militant anarchiste, d'un dévouement à toute épreuve, avait conçu le hardi projet de faire sauter le vieux tyran d'Allemagne et les principaux de sa clique, à l'inauguration de la statue de la Germania, au Niederwald. Le complot, dévoilé par un mouchard, avorta et les conspirateurs furent arrêtés. L'attitude de Reinsdorf, le principal accusé, fut digne de sa cause.

Voici, déclara-t-il, les motifs qui m'ont poussé à l'attentat: Depuis la guerre de 1870, on dit que l'Allemagne est heureuse ; mais, en ce qui concerne les ouvriers, cela n'est pas vrai. Les ouvriers, en Allemagne, bâtissent des palais et habitent de misérables huttes. Ils sont les vrais producteurs de l'industrie et souffrent de toutes les privations. Est-ce que cela doit toujours durer ? Est-ce que les ouvriers doivent se croiser les bras en attendant que cela change tout seul ?

. . . . . . . . . . . . . . . . . .

Ces attentats sont des démonstrations. Peu importe ceux qui y périssent. Il ne faut pas être sentimental.

. . . . . . . . . . . . . . . . . . .

Si j'avais dix têtes, je les sacrifierais toutes pour lutter contre la société égoïste, lâche et corrompue.

. . . . . . . . . . . . . . . . .

Je tombe en criant : « Vive l'anarchie ! ».

Les Liebknecht, Bebel et autres chefs des *Sozial demokrats*, qui ne tombaient, eux, qu'au Parlement, n'en déversèrent pas moins des flots de calomnie sur le vaillant anarchiste, jusqu'au jour où celui-ci, à leur grande joie secrète, porta sa tête sur le billot de l'échafaud.

Reinsdorf, Küchler et Rüpsch furent condamnés à mort ; mais le dernier, qui avait coupé la mèche de la bombe placée sur le chemin de l'empereur, ne fut pas exécuté. Bachmann et Holzauer furent condamnés à dix ans de travaux forcés, et trois autres acquittés.

Six semaines après, à Halle, les têtes de Reinsdorf et Küchler roulaient sous la hache du bourreau. Küchler ne put réprimer une certaine défaillance ; Reinsdorf, au contraire, malade, retrouva des forces pour bien mourir. Son cri suprême fut : « A bas la barbarie ! Vive « l'anarchie ! »

---

**2 JANVIER 1890.** — *La misère!* — A Paris, deux ouvrières octogénaires, à bout de ressources, après avoir été chassées, vu leur âge, de tous les ateliers, et dans l'impossibilité de suffire à leurs besoins, préfèrent l'asphyxie à la mort par la faim.

N'est-elle pas monstrueuse une organisation sociale qui condamne les vieillards à rechercher un refuge dans le suicide ?

---

**3 JANVIER 1890.** — *Vive l'autorité paternelle!* Les journaux racontent le fait divers suivant :

A Oran, les époux Davignon avaient fait revenir leur fille, la petite Eloïse, du couvent de Nanterre. Bientôt les voisins remarquèrent que l'enfant dépérissait à vue d'œil.

Elle était constamment en butte aux plus odieux traitements. Pour les motifs les plus futiles, on la battait comme plâtre ; bien des fois la tête de l'enfant fut cognée avec force contre la cloison. Quand elle ne répondait

rien, on la frappait et, lorsqu'elle criait, on la frappait
de plus belle.

« C'est mon enfant, je suis libre d'en faire ce que je
« veux, » répondait sa mère aux voisins assez stupides
pour se contenter de cette réponse.

Parfois l'enfant était pourchassée en chemise dans
l'appartement, à grands coups de bâton, d'autres fois,
plongée nue dans l'eau glacée ; on la faisait coucher
sur le plancher.

A la fin, elle dut entrer à l'hôpital dans un état déses-
péré.

De tels faits ne sont malheureusement pas rares : ils
sont la conséquence logique de cet esprit propriétaire
et autoritaire qui porte le père à se dire de son enfant,
le mari à penser de sa femme : « C'est ma chose, mon
« bien ; j'en puis faire ce que je veux ; la société et la
« loi m'en reconnaissent le possesseur. »

---

**4 JANVIER 1891.** — Quatre-vingt-six révolutionnaires,
presque tous anarchistes, envoyés par plusieurs centaines de groupes italiens, trompant les polices suisse
et italienne, qui les attendaient à Lugano pour le 11, se
réunissent à Capolago et, reconnaissant la nécessité de
« combiner les forces et les moyens pour certains buts
« auxquels l'initiative et les forces individuelles ne suf-
« fisent pas, » décident une organisation anarchiste,
c'est-à-dire sans autorité ni centre, par de simples com-
missions régionales de correspondance.

En dépit d'un préjugé assez répandu, l'idée d'anarchie et celle d'organisation ne sont aucunement oppo-
sées. Si des compagnons disent parfois « pas d'organisation ! » cette parole n'est dans leur bouche que l'expression de la haine que leur inspire l'organisation
actuelle. Car ils savent bien qu'il existe deux sortes
d'organisations : la première, hiérarchique, discipli-
naire, bourgeoise, autoritaire, artificielle ; la seconde,
naturelle, spontanée, libertaire. Autant les anarchistes
combattent la première parce qu'elle entraîne fatalement pour ceux qui sont en haut de l'échelle hiérarchique le droit de commander et, pour ceux qui sont en

résister à de nombreuses années de labeur, il leur faut surchauffer leur pauvre machine humaine, leurs muscles, leurs nerfs, et, les voilà qui s'acheminent vers l'empoisonnement de leur race par l'alcool.

Les conditions du travail étant telles, rien de surprenant que d'autres fuient le travail comme une peste : ils ont, d'ailleurs, devant les yeux les laborieux, qui végètent en se tuant à la peine, et les jouisseurs qui vivent dans l'oisiveté en exploitant le travail des autres.

Au contraire, dans une société où les sources de production seraient communes, il n'y aurait plus ni exploiteurs ni exploités. S'appuyant sur les données de la science, perfectionnant sans cesse leur outillage et déterminant eux-mêmes leurs conditions de labeur, les hommes en arriveraient à se rendre au travail comme à une gymnastique récréative et salutaire.

---

**8 JANVIER 1883**. — Commencement du procès que les magistrats républicains, dignes continuateurs des magistrats impériaux, intentent, devant la Cour d'assises de Lyon, à soixante-six anarchistes dont cinquante-deux détenus et quatorze contumax. Ce procès, purement de tendance, où le président Jacomet n'eut pas le beau rôle, fut suscité à propos des troubles de Montceau-les-Mines. Les anarchistes étaient inculpés d'affiliation à l'Internationale, imputation absurbe : cette société était dissoute depuis longtemps ! L'attitude des accusés fut superbe :

« La révolution étant pour nous synonyme de transformation ou, en d'autres termes, de la suppression de l'opulence et de misère, déclara le compagnon Bernard, tout acte qui nous rapproche de ce but est considéré comme acte révolutionnaire.

— Je ne crois pas, dit à son tour Emile Gautier, que l'émancipation du prolétariat puisse s'accomplir autrement que par la force insurrectionnelle. C'est déplorable, sans doute, et je suis le premier à le déplorer, mais c'est ainsi. En le constatant, je fais une simple observation de physiologie sociale. L'histoire, en effet, est là pour nous apprendre que jamais des privilégiés — individus ou classes — n'ont volontairement abdiqué leurs privilèges et que jamais un ordre de choses établi n'a cédé sans combat la place à un nouveau régime. — Eh bien, oui, Messieurs, j'ai préconisé la grève des conscrits, répondit leur co-accusé Didelin; pourquoi? C'est bien simple, je vais vous le dire... Les pauvres, les prolétaires n'ont rien à défendre. Ils n'ont aucun intérêt à aller se faire casser les os à la frontière ou ailleurs. Pourquoi donc se battraient-ils? Pourquoi exposeraient-ils leur vie pour les autres? — On nous reproche de vouloir la transformation de la société, fit Kropotkine. On nous appelle brigands! assassins! parce nous voulons l'expropriation de la propriété de quelques-uns au bénéfice de tous. Est-ce que le grand économiste Stuart Mill ne l'a pas demandée avant moi cette expropriation et je ne sache pas qu'on l'ait mis en prison pour cela? Est-ce que la Convention n'a pas dit : les terres appartenant aux seigneurs retourneront aux communes? Est-ce que l'histoire ne nous apprend pas que la bourgeoisie a exproprié la noblesse? J'espère bien que l'histoire dira un jour aussi que le peuple, à son tour, a exproprié la bourgeoisie.

Ces fières réponses eurent un retentissement énorme et firent pénétrer au sein de la masse l'idée d'anarchie, naguère inconnue. Les juges prirent leur revanche en condamnant tous les accusés, sauf cinq, à des peines variant entre six mois et cinq ans de prison.

———

**9 JANVIER 1890.** — Les journaux donnent cet extrait de la lettre du député Giovani Faldeta sur la misère en Italie :

Quiconque va vivre à la campagne, en contact journalier avec les paysans, constate les cas les plus désolants de misère. Il y a des choses qui font horreur. Certains pauvres se jettent sur une nourriture quelconque pour si répugnante qu'elle soit... On mange des chiens dans la campagne. Dans un pays de ma connaissance, le préteur avait un beau chien. Un accident étant arrivé à cet animal, les travailleurs du pays le dépecèrent et, depuis, le souvenir de la bombance faite à cette occasion est resté dans toutes les mémoires. On dit encore : « C'est bon comme le chien du préteur. »

Le même Faldeta raconte que lorsqu'un vétérinaire a reconnu une bête de boucherie malade ou une viande

malsaine, le *syndaco* (maire), en beaucoup d'endroits, est
obligé de la faire enterrer secrètement dans la nuit
pour que les paysans affamés n'aillent point la déterrer
et la manger.

Et dire que certaines personnes s'étonnent de la violence de langage des anarchistes !

Peut-on ne pas bondir d'indignation sous le coup de
fouet de semblables constatations ?

Et ce n'est pas seulement dans la désolée campagne
d'Italie, M. Faldeta, que se passent ces odieuses choses !
La misère aujourd'hui n'a pas de patrie, elle est faite
de l'opulence des capitalistes et cette dernière est cosmopolite. Voilà pourquoi la révolte se rit des frontières
et revêt un caractère universel. Partout règne l'inégalité choquante, partout la tyrannie gouvernementale et
capitaliste. Aussi, dans tous les pays, les opprimés, les
meurtris et les miséreux commencent à comprendre
que la même servitude les unit et au-dessus des frontières, l'esprit de solidarité s'épanouit.

Ah ! vienne le jour où les victimes de l'ordre social,
quels que soient leur langue, leur tempérament, leurs
tendances, leur couleur, leur nationalité, comprendront
que les patries parcellaires doivent se fondre dans l'universelle Patrie ! Ce jour-là, les trônes s'écrouleront, les
sceptres seront brisés, les tiares tomberont, les privilèges seront abolis, les inégalités sociales disparaî-
tront.

Alors et seulement alors, la radieuse liberté inondera
de ses clartés les peuples réconciliés.

---

**10 JANVIER 1887**. — *Soulèvement des paysans à
Smolensk* (Russie). — Ce qui, malgré l'héroïsme dé-
ployé si fréquemment par les nihilistes, retarde la chute
de l'autoratie russe, c'est que les révolutionnaires, issus
pour la plupart de la petite bourgeoisie libérale, n'ont
pu encore s'infiltrer dans les profondeurs de la masse.
Sans cesse comprimé par ses bourreaux politiques, par
ses exploiteurs économiques, le peuple a certainement
des rudesses et des défauts qui peuvent déconcerter les
natures affinées: mais il est le nombre, la vie; dans son

sein sommeillent les forces latentes et rien de ce qu'on ferait en dehors de lui ne serait viable.

Exploités par les usuriers et bâtonnés par la noblesse les paysans slaves commencent lentement à se dégager des ténèbres du moyen-âge : leur Quatre-ving-neuf sera terrible et il est probable qu'ayant sous les yeux l'exemple des autres peuples, il ne s'arrêteront pas à la république bourgeoise.

---

**11 JANVIER 1884.** — La cour de cassation confirme la peine de mort prononcée contre le compagnon Cyvoct, coupable d'avoir géré un journal anarchiste.

Il eût été naïf de s'imaginer que les magistrats féroces qui seuls ont le pouvoir de confimer ou d'infirmer un jugement en assises auraient la faiblesse d'arracher à la guillotine un anarchiste que leur avaient jeté en pâture les bourgeois du jury lyonnais.

Autant espérer que les tigres impériaux de la Rome décadente pouvaient être pris subitement de pitié en faveur des chrétiens qu'ils condamnaient à périr sous les yeux d'un peuple fanatique, les os broyés par les mâchoires implacables des fauves aiguillonnés par la faim.

---

**12 JANVIER 1887.** — *Défense du compagnon Duval.* — Accusé de vol et de pillage à l'hôtel Lemaire et de tentative de meurtre sur le mouchard Rossignol, qui l'arrêtait, Duval, ouvrier pauvre, convaincu que la propriété individuelle n'a aucune source légitime, avait volé, non pour lui, mais pour soutenir la propagande. Devant la Cour d'assises parisienne, présidée par Bérard des Glajeux, son attitude fut admirable de résolution et de sincérité ; son défenseur Labori sut s'exprimer avec respect sur son client et l'idéal qui le faisait agir.

Ce n'est pas en simple avocat que je parlerai, déclara-t-il, c'est en homme de cœur qui à pris à tâche de pénétrer dans la pensée, dans la conscience de Duval. Je suis un bourgeois, défenseur naturel de nos institutions, et c'est en bourgeois que je m'adresse à vous. Les idées de Duval peuvent paraître chi-

mériques, mais ils les croit vraies, il les revendique, elles sont
donc respectables. Pour le savoir, il aurait fallu vous entretenir avec lui dans sa cellule, seul à seul, dans cette intimité
où l'homme n'a plus de secrets. Si, comme moi, vous aviez pu
descendre dans sa conscience, écouter ses aspirations, vous
auriez reconnu que Duval n'est pas un malfaiteur, mais un
homme qui met sa vie au service de ses idées. Si, comme moi,
vous aviez causé avec ses amis qui parlent de lui avec véné-
ration, vous auriez vu que Duval n'est pas seul à professer
ces théories, que vous êtes devant un parti ayant ses organes,
ses livres, sa philosophie, vous seriez convaincu que Duval
n'a point agi pour un intérêt personnel, mais pour une cause
commune. — J'ai l'habitude de ne compter qu'avec ma conscience, venait de déclarer l'accusé. Je me moque des sots et
des méchants. Je suis sûr d'avoir l'approbation des gens de
cœur. Peu m'importe le reste.

Duval fut condamné à mort ; plus tard, devant l'attitude énergique des anarchistes, sa peine fut commuée
en celle des travaux forcés. Son acte, — acte de guerre
sociale, s'il en fut, — fut anathématisé par les socialistes autoritaires qui déclarent bien que la propriété
c'est le vol, mais entendent que les volés, c'est-à-dire
les non-possédants, se contentent de cette affirmation
platonique. Si les miséreux se décidaient à reprendre
individuellement, à agir par eux-mêmes sans attendre
l'arrivée au pouvoir des aspirants législateurs du Quatrième Etat, le rôle de ceux-ci serait diminué tout naturellement au point de se réduire, en fin de compte, à
zéro.

Et de plus, lorsqu'on brigue les faveurs du suffrage
universel et qu'il s'agit de capter la confiance des élec-
teurs, ne convient-il pas de mettre sur le compte de
l'honnêteté personnelle ce qui n'est imputable qu'à
la couardise ? Ne doit-on pas éviter de heurter la conscience hypocrite du petit boutiquier qui trouve très naturel de tromper sur le poids et la qualité de sa marchan-
dise, de l'industriel qui trouve moral de s'acheminer
vers la fortune en affamant ses ouvriers, mais feignant
ou éprouvant une profonde indignation devant celui qui,
au péril de sa liberté et même de sa vie, reprend bruta-

lement à un riche ce que celui-ci a peu à peu extorqué à ses semblables?

Duval, envoyé à la Guyane, y reste le révolté indomptable qu'il était devant ses juges.

---

**13 JANVIER 1885.** — A Francfort-sur-le-Mein, le conseiller de police Rumpf, qui avait joué un rôle infâme dans le procès Reinsdorf et fait condamner de nombreux révolutionnaires, tombe sous le poignard vengeur de l'anarchiste Lieske.

Tant pour légitimer leur poltronnerie, que pour se dispenser d'applaudir hautement à des actes de ce genre, ceux qui aspirent à fonder sur les ruines de l'aristocratie en redingote une aristocratie en blouse se plaisent à déclarer que les justiciers comme Lieske sont sinon nuisibles à la sociale du moins inutiles.

Les anarchistes persistent à croire et à dire que si les actes de ce genre se multipliaient et si nombreux devenaient les Lieske, le rôle de policier devenant dangereux, bien moindre serait le nombre de ceux qui consentent à le remplir et bien moindre aussi leur zèle contre les révolutionnaires.

---

**15 JANVIER 1887.** — Aux Etats-Unis, trente-mille chargeurs de navires se mettent en grève; ils prennent de suite une attitude énergique, menacent leurs parasites et font sauter le pont du navire *Guavagnotte*.

La grève, protestation du travailleur pauvre contre l'exploiteur riche, est condamnée à l'avortement si elle ne se *généralise* pas et ne devient résolument *offensive*. Il est évident que, si les ouvriers se contentent de se croiser les bras en attendant les souscriptions de leurs camarades ou en se fiant aux promesses des endormeurs, à un moment donné, ils seront obligés de se soumettre, vaincus par la faim. Il y a pour eux autre chose à faire, à méditer.

Que les travailleurs sachent bien que la grève est un état de guerre et, qu'en période d'hostilités, le grand art consiste à se ravitailler et à affamer l'adversaire. Le ventre plein est l'artillerie la plus sûre. En bon français cela veut dire que si les grévistes s'entêtent à vouloir,

par leur calme et leur modération forcer l'admiration
du monde entier — (cliché des endormeurs), — au lieu
de se décider à forcer les portes et les coffres-forts de
leurs maîtres, ils seront les éternels dindons de la
farce.

Sur ce terrain, comme sur les autres, la résignation,
le calme, la prière sont vaincus d'avance ; seules
triomphent la menace, la violence, la force.

C'est à prendre ou à laisser : ou la grève avec toutes
les conséquences que comporte une déclaration de
guerre, ou ne pas s'en mêler du tout.

Il faut choisir !...

———

**17 JANVIER 1880**. — *Attentat contre le czar Alexandre
II.* — Explosion du palais d'hiver, qui tue ou blesse une
soixantaine de soldats. Le tyran russe a la vie sauve, par
suite d'un retard d'une demi-heure à son dîner.

Que d'autres versent des pleurs sur ces soixante victimes auxquelles n'allait pas directement la haine des
conspirateurs ! Si nous regrettons amèrement que ce
complot n'ait pas abouti à l'exécution du pendeur impérial, nous trouvons une consolation relative dans la
mort de ces soixante courtisans et mercenaires, gardes
du corps de l'autocrate russe. Quand on ne peut savou-
rer le poisson, on se rattrape sur l'entourage, la garni-
ture, la sauce.

———

**19 JANVIER 1883**. — Fin du procès monstre intenté aux
anarchistes devant la Cour d'assises de Lyon et qui du-
rait depuis le 8, sous la présidence de l'enjuponné Jacomet. La cour condamne :

Kropotkine, Emile Gauthier, Bernard et Bordet, à
cinq ans de prison, deux mille francs d'amende, dix ans
de surveillance et quatre ans d'interdiction des droits
civils.

Ricard, Martin, Liégeon, à quatre ans de prison, mille
francs d'amende, dix ans de surveillance et cinq ans
d'interdiction des droits civils ;

Blonde, Péjot, Crestin, Desgranges, à trois ans de
prison, cinq cents francs d'amende, dix ans de surveillance et cinq ans d'interdiction des droits civils ;

Faure (Etienne), Morel, Michaud. Potet, Tressaud, à deux ans de prison, cinq cents francs d'amende, dix ans de surveillance et cinq ans d'interdiction des droits civils :

Bonnet, Faure (Régis), Genet, Huser, Peillon, Pinoy, Sala, Sanlaville. Voisin, Zuida, Genoud, à quinze mois de prison, deux cents francs d'amende et cinq ans d'interdiction des droits civils ;

Bardoux, Courtois, Bruyère, Dejoux (François), Dupoizat, Fages, Landaux, Trenta (Joseph), Trenta (Jules), à un an de prison, cinq cents francs d'amende, et cinq ans d'interdiction des droits civils ;

Chavrier, Coinde, Cottaz, Damiens, Didelin, Berlioz (Arthaud), Hugonnard, Sourisseau, Viallet, Champal, à six mois de prison, cinquante francs d'amende et cinq ans d'interdiction des droits civils ;

Sont acquittés : De Gaudenzi, Ribeyre, Giraudon, Thomas, Mathon.

Sont condamnés à deux ans de prison, mille francs d'amende et cinq ans d'interdiction des droits civils : Faure, Dejoux (Louis), fugitifs ;

Sont condamnés à cinq ans de prison, deux mille francs d'amende et cinq ans d'interdiction des droits civils : Cyvoct, Boriasse, Ebersold, Valadier, Bayet, Bontoux, Bourdon, Chazy, Jolly, Dard, Renaud et Maurin, fugitifs.

---

**21 JANVIER 1784.** — *Meeting anarchiste* tenu à Lyon, salle de la Perle, pour protester contre la confirmation de la condamnation à mort de Cyvoct. En présence de l'attitude énergique des révolutionnaires, des arrestations sont opérées et le compagnon Berthollet, suisse de nationalité, est expulsé.

---

**22 JANVIER 1888.** — Dans une conférence donnée au Havre, Louise Michel est blessée à la tête d'un coup de révolver tiré par l'ouvrier Lucas, alcoolique fanatisé par les prêtres. La généreuse anarchiste défend son meurtrier contre la foule ; plus tard, Lucas passant devant les juges, elle revint le faire acquitter.

Cette conduite mérite d'être mise en parallèle avec

celle des blanquistes : au Père-Lachaise, un autre Lucas, anarchiste, indigné ue voir les alliés du massacreur Boulanger, avait tiré sans l'atteindre sur le porteur de la couronne de l'*Intransigeant*. Ses ennemis le firent condamner à cinq ans de réclusion.

S'appuyant sur la moderne science matérialiste, les anarchistes estiment que l'homme, soumis à la double influence de l'atavisme et du milieu dans lequel il évolue, n'est pas, si conscient paraisse-t-il, responsable, en fin de compte, de ses actes. « La croyance au libre arbitre, a-t on dit fort justement, est l'ignorance des causes premières qui nous font agir ». Il en résulte que, si les anarchistes, résolus à changer le milieu social pour amener la transformation morale et matérielle de l'homme, s'attaquent aux hommes qui défendent et, souvent, incarnent les néfastes institutions, ils n'ont pas, au fond du cœur, la haine des personnalités : encore moins cherchent-ils à torturer inutilement leurs ennemis. Au contraire, les révolutionnaires jacobins, manquant pour la plupart de conceptions économiques, se bornent simplement à préconiser *la Terreur* comme système de gouvernement.

---

**24 JANVIER 1884.** — *Exécution du policier Bloch*, en réponse à la condamnation prononcée la veille par les juges de Vienne (Autriche), contre le compagnon Rouget, qui tenait une imprimerie clandestine.

Il est bien certain que si, à chaque condamnation d'anarchiste, on répondait, sans tarder, par la mise à mort de ceux qui ont amené de près ou de loin, comme policiers, magistrats ou témoins, la dite condamnation ou seulement par l'exécution d'un seul de ceux-là, la crainte qui est « *le commencement de la sagesse* », paralyserait les policiers disposés à arrêter, les magistrats enclins à condamner et les témoins invités à charger les délinquants révolutionnaires.

---

**26 JANVIER 1886.** — Les mineurs de Decazeville se soulèvent et, dans une explosion de colère générale, jettent par une fenêtre le sous-directeur Watrin justement abhorré pour son âpreté féroce. Fatigués d'assister à l'avilissement graduel de leurs salaires, écœurés des procédés cyniques de ce monsieur, indignés des tracasseries et des mesures vexatoires accumulées contre eux par ce personnage, les forçats de la compagnie houillère de Decazeville laissèrent brusquement éclater les haines emmagasinées dans leurs poitrines.

Ce mouvement spontané, se produisant dans un milieu inculte, donne la vraie note révolutionnaire, les socialistes parlementaires n'étant pas encore venus le dévoyer.

Cet acte de justice populaire eut un énorme retentissement et, pour un temps, fixa sur ce petit pays noir l'attention du monde entier.

Les exploiteurs tressaillirent d'épouvante et les exploités d'espérance et de fierté vengée.

**27 JANVIER 1887.** — Les détenus de la maison centrale de Gaillon, au nombre de plus de mille, se révoltent, menacent d'incendier la prison et tiennent tête aux troupes accourues.

**28 JANVIER 1886.** — L'assassin couronné, tyran de la Russie, fait pendre quatre nihilistes.

**31 JANVIER 1889.** — Le compagnon Mertz est condamné à un mois de prison pour avoir, à deux reprises, le jour de son tirage au sort, jeté les numéros à travers la salle.

# FÉVRIER

**3 FÉVRIER 1884.** — Le compagnon Auguste Reinsdorf est arrêté à Hambourg, et Mildenberger à Mannheim, comme auteurs présumés des explosions du bâtiment de la police à Francfort-sur-le-Mein.

---

**5 FÉVRIER 1889.** — Magnifique conférence anarchiste à Casteljaloux (Lot-et-Garonne), malgré les menaces du maire et les anathèmes du curé. Un incident comique égaye la réunion : conformément aux habitudes libertaires, aucun bureau ne présidait et la parole était accessible, à tour de rôle, à quiconque voulait la prendre. Le commissaire de police, Laroze, ceint de sa sous-ventrière, déclara alors que, si la loi n'était pas respectée, il allait dissoudre la réunion. Un militant répliqua railleusement que la loi invoquée ne spécifiait pas à quel moment il était obligatoire de constituer le bureau et que, si l'assemblée y accédait, on l'élirait seulement à la clôture, pour démontrer combien il était inutile. Ce qui fut fait ; et le policier Laroze, devenu, du coup, modeste comme la violette, se vit bombarder successivement : président, premier assesseur, deuxième assesseur et enfin secrétaire, formant, à lui seul, le bureau, ce qui était logique, puisque seul il en reconnaissait la nécessité.

On en rit encore à Casteljaloux.

---

**8 FÉVRIER 1889.** — *Emeute des Sans-Travail, à Rome.* — Bernés par les promesses de politiciens, à bout de ressources, les travailleurs, presque tous maçons, atteints par la crise, sans pain et sans gîte dans une ville malsaine, se révoltent au cri de *Pane e Lavoro!* (Pain et travail) et passent comme une trombe dans les quartiers bourgeois affolés, brisant les devantures des magasins et bousculant tout ce qui leur fait obstacle Le mouvement avorte par suite de l'indécision des meneurs et du respect des émeutiers pour la propriété indivi- duelle.

Ce mouvement, dont la spontanéité et l'élan avaient affolé la population aristocratique, ne pouvait aboutir que s'il eût conservé son caractère populaire. Les insur- gés, ayant eu le tort d'écouter les meneurs hésitants et de prêter l'oreille aux objurgations des parlementaires, c'est-à-dire des endormeurs, furent promptement mis en déroute. Il en sera toujours ainsi, aussi longtemps que le mouvement commencé par la masse ne sera pas mené à bout par la foule anonyme.

**9 FÉVRIER 1886**. — Grand meeting, à Londres, d'ouvriers sans travail. Quinze mille hommes déambulent dans le quartier riche, arrêtent les voitures, dépouillent les élé- gantes ladies de leurs riches manteaux, brisent les de- vantures et mettent les magasins à sac.

**10 FEVRIER 1885**. — Le nihiliste Mysckine est pendu dans la prison de Schlussembourg (Russie).

**11 FÉVRIER 1885**. — Les anarchistes avaient convoqué les ouvriers sans travail à un meeting sur la place de l'Opéra. Pour le faire avorter, la police arrêta vingt-cinq des initiateurs de cette manifestation et perquisitionna à outrance.

Le lundi soir, les environs de la place de l'Opéra étaient bondés de soldats et de policiers qui effectuèrent des charges sur les assistants au nombre de plus de 20.000. Pendant ce temps, des manifestations se produi- saient sur d'autres points : une colonne, drapeau rouge en tête, s'engouffra chez un boulanger pour avoir du pain, une autre descendit la rue Lafayette et pilla la boutique d'un armurier. Il y eut, ce jour là, nombre de blessés et plus d'une centaine d'arrestations. Comme à leur habitude, les journaux intransigeants et socialistes autoritaires ne manquèrent pas de baver sur les anar- chistes en les traitant d'agents provocateurs : le sort des lutteurs d'avant-garde n'est-il pas d'être en but aux calomnies des roublards qui, sous une étiquette plus ou moins avancée, cherchent à tirer leur épingle du jeu?

Il est à remarquer que, ce jour là, les manifestants eurent l'intelligence, après avoir annoncé qu'ils se porteraient sur un point indiqué, d'opérer un mouvement sur divers autres points non-désignés d'avance.

Cette méthode est celle des anarchistes qui comprennent bien que s'il est difficile, pour ne pas dire impossible, d'avoir raison des forces mobilisées par le gouvernement et concentrées par lui sur un point lorsque celui-ci est connu d'avance, il devient facile de désorienter le pouvoir central en multipliant les points d'attaque et les centres de lutte.

En face de la multiplicité, de la rapidité et de la variété des assauts donnés à l'autorité, le gouvernement perd la tête et du temps à prendre des décisions, à les communiquer administrativement et à les mettre à exécution.

Ce temps perdu peut décider de l'issue de la lutte. Qu'on y pense !

**12 FÉVRIER 1886.** — A Leicester (Angleterre), les cordonniers se mettent en grève et attaquent une grande manufacture.

**13 FÉVRIER 1882.** — La nihiliste Jessa Helfmann, condamnée à mort pour complicité dans l'exécution du czar Alexandre II et soi-disant grâciée, est empoisonnée dans la forteresse de Saint-Pierre et Saint-Paul.

**14 FÉVRIER 1886.** — Le journal anarchiste *Le Révolté* publie les suivants renseignements sur les affaires de Decazeville :

La mine de Decazeville, du bassin houiller du Lot, dans l'Aveyron, est d'origine récente. La compagnie qui exploite les travailleurs de cette mine, a le « grand économiste » Léon Say pour président, Raoul Duval pour vice-président, Gastambide pour secrétaire, Desseilligny et Petitjean pour directeurs, E.-J. de Bonneville, A.-J. de Bonneville, Cibiel, Johnston, Hély d'Oissel, de Lamberterie, Schneider pour membres du conseil. Ces noms sont bons à retenir.

Généralement, lorsque ces messieurs réduisent les salaires et soutirent au travailleur ses derniers sous, ils nous chantent ce vieux refrain : Les affaires vont mal, la mine ne rapporte rien. Pensez seulement ! Ma femme, l'autre jour, a dû se refuser une parure en diamants, et moi, j'a dû renvoyer deux domestiques et un cocher !

A Decazeville, au contraire, les affaires marchaient bien. Les directeurs donnaient des parures de diamants à leurs femmes et augmentaient le nombre de leurs domestiques. La première année, avec une mise en train de deux millions à peine, le bénéfice net était de 460,000 francs, — soit 23 pour cent. Après avoir mis le cinquième des bénéfices au capital de réserve, la compagnie donne aujourd'hui aux actionnaires un dividende de 12 à 13 pour cent.

Malgré cela, des réductions de salaire se faisaient continuellement. Puisque, dans d'autres mines on renvoyait des mineurs, on en profitait à Decazeville pour réduire les salaires. De 150 à 200 fr. par mois en 1878, les salaires sont tombés à 102 fr. et même jusqu'à 75 fr. en 1886. C'est ça que nous aimerions voir : le grandissime économiste Léon Say, réduit à vivre, avec sa femme et ses enfants, sur un salaire de 75 fr. par mois et chantant gloire à son *Economie politique !*

Mais, puisque le travail va mal dans d'autres mines, il fallait en profiter pour réduire davantage les salaires. Et, pour que les mineurs ne se mettent pas un jour en grève, la compagnie avait inventé un nouveau truc, — l'Economat.

Les mineurs ne vivent pas dans des corons, ils sont disséminés dans la ville, et là, en cas de grève, ils trouveraient crédit chez les petits commerçants. Il fallait l'empêcher. Alors, la compagnie ouvre des magasins. Dans ces magasins, tout est vendu au-dessous des prix-courants. Lorsque les travailleurs, alléchés par ce rabais, auront quitté les fournisseurs en ville et que le petit commerce sera tué, la compagnie se rattrapera. Un jour, elle fera une nouvelle réduction de salaire et les mineurs, privés de crédit en ville, seront forcés d'accepter les nouvelles conditions.

Oh ! les honnêtes gens, les honnêtes acquéreurs de grandes fortunes ! Quels superbes fripons vous faites ! Vous, qui faites les grands seigneurs et jetez si fastueusement des pourboires de dix francs pour paraître généreux, — comme vous êtes heureux si vous pouvez rogner quelques sous seulement sur le salaire de votre travailleur, sur la nourriture de ses enfants !

pas enterrer Watrin en plein jour. On se propose d'enlever le cadavre sous le couvert de la nuit et le porter à la gare pour le faire ensevelir ailleurs.

Mais l'apparition des troupes rassure les bourgeois. Le directeur Petitjean s'amène de Paris et exige que l'on enterre avec pompe ; la prêtraille veut en faire un martyr. Espérons que Léon XIII le fera canoniser. En effet, on a fait à Watrin un enterrement en toute pompe, escorté par des soldats, avec des haies de soldats le long des rues. Les citoyens de la république montent la garde autour du cadavre de ce gredin. Deux généraux, le préfet et toute la haute pègre suivent le cercueil jusqu'à l'église et de là à la gare.

Petitjean refuse net d'accepter les réclamations des mineurs. Les journaux de la grosse finance exigent que le gouvernement impose les conditions de la compagnie par les baïonnettes.

---

**15 FÉVRIER 1886.** — A Birmingham (Angleterre), quinze mille travailleurs manifestent dans la rue et en viennent aux mains avec la police.

Le même jour, grande manifestation à Yarmouth.

---

**17 FÉVRIER 1884.** — Au bout d'un an de publication, à Lyon, le journal anarchiste le *Défi* disparaît sous les poursuites.

---

**17 FÉVRIER 1887.** — Les gendarmes arrêtent à Châtillon-sur-Seine le compagnon Monod, fripier, revenant de Paris et se dirigeant sur Dijon.

---

**20 FÉVRIER 1876** — *Élections à Roanne.* — Des placards manuscrits préconisant l'abstention et prêchant la révolte amènent les auteurs les compagnons Réal et Rausch devant la Cour d'assises de la Loire qui, le 30 mars suivant, les condamne à 4 ans de prison.

Ne convient-il pas de frapper sévèrement les citoyens qui, ayant compris que les politiciens, quels qu'ils soient, ne pouvant avoir d'autre rôle que celui qui consiste à fabriquer des lois, sont fatalement des oppresseurs, déclarent qu'il faut absolument rompre avec la routine et cesser de recourir au bulletin de vote ?

La machiavélisme des classes dirigeantes, sous système représentatif, consiste à exciter les esclaves à sanctionner eux-mêmes l'état actuel des choses et à consentir leur propre servitude.

**21 FEVRIER 1886.** — A Londres, soixante mille prolétaires manifestent à Hyde-Park et, malgré la résistance des plus courageux, sont dispersés par la police. Nombreuses arrestations de meneurs, qui seront envoyés aux assises.

**23 FEVRIER 1884.** — A Lyon, le journal l'*Hydre anarchiste* remplace le *Défi*.

**23 FEVRIER 1889.** — En Autriche-Hongrie, le seul mot « anarchie » donne la foire aux gouvernants. Un tribunal exceptionnel, formé deux ans auparavant, spécialement pour juger les compagnons, condamne Ulrick à six mois de prison et ses amis Michalest à trois ans, Gabriel et Berlos chacun à trois mois. Leur crime était de recevoir des journaux anarchistes qu'Ulrick faisait adresser de Paris et de Londres chez ses co-accusés.

**24 FEVRIER 1884.** — Valentine Thomassin, compagne de Monod, allant faire signer une permission pour aller voir Monod en prison, est elle-même mise et maintenue en état d'arrestation. Ce même jour, Naudet, menuisier, est également arrêté. Quelques jours plus tard, Arthod François, ouvrier lampiste, ayant été arrêté à Bordeaux, est ramené à Dijon. Après 3 mois de prévention il est remis en liberté, et Valentine Thomassin, après 105 jours de prévention. Quant à Monod et Naudet, ils furent déféré en assises après 174 jours de prison préventive.

**25 FEVRIER 1886.** — Le compagnon Kropotkine fait à la salle Lévis, une conférence sur l'*anarchie dans l'évolution socialiste*, dont voici les principaux passages :

Vous vous êtes certainement demandé maintes fois quelle est la raison d'être de l'Anarchie ? Pourquoi, au milieu de tant d'écoles socialistes, venir fonder encore une école de plus — l'école anarchiste ? C'est à cette question que je vais répondre. Et, pour mieux y répondre, permettez-moi de me transporter à la fin du siècle passé.

Vous savez tous ce qui caractérisa cette époque. Un épanouissement de la pensée. Un développement prodigieux des sciences naturelles. Une critique impitoyable des préjugés reçus ; l'élaboration d'une explication de la nature sur des bases vraiment scientifiques : l'observation, le raisonnement.

D'autre part, la critique des institutions politiques léguées à l'humanité par les siècles précédents. La marche vers cet idéal de Liberté, d'Egalité et de Fraternité qui, de tout temps, fut l'idéal des masses populaires.

Entravée dans son libre développement par le despotisme, par l'égoïsme étroit des classes privilégiées, ce mouvement, appuyé et favorisé en même temps par l'explosion des colères populaires, engendra la grande révolution qui eut à se frayer un chemin au milieu de mille difficultés intérieures et extérieures.

La révolution fut vaincue, mais ses idées restèrent. Persécutées, conspuées d'abord, elles sont devenues le mot d'ordre de tout un siècle d'évolution lente. Toute l'histoire du XIX⁰ siècle se résume en un effort de mettre en pratique les principes élaborés à la fin du siècle passé. C'est le sort de toutes les révolutions. Quoique vaincues, elles donnent le mot de l'évolution qui les suit.

Dans l'ordre politique, ces idées sont l'abolition des privilèges de l'aristocratie ; l'abolition du gouvernement personnel ; égalité devant la loi. Dans l'ordre économique, la révolution proclama la liberté des transactions. « Tous, tant que vous êtes sur le territoire, dit-elle, achetez et vendez librement. Vendez vos produits, si vous pouvez produire ; et si vous n'avez pas pour cela l'outillage nécessaire, si vous n'avez que vos bras à vendre, vendez-les, vendez votre travail au plus donnant . . . . . . . . . . . . . . . . . . . . . . . . . . . . . . . . . . . . . . . . . . . . . . . .

Le résultat ? — Vous ne le connaissez malheureusement que trop, citoyennes et citoyens réunis dans cette salle. L'opulence oisive pour quelques-uns et l'incertitude du lendemain, la misère pour le plus grand nombre. Les crises, les guerres pour la domination sur les marchés ; les dépenses folles des Etats pour procurer des débouchés aux entrepreneurs d'industrie.

C'est que, en proclamant la liberté des transactions, un point essentiel fut négligé par nos pères. Non pas qu'ils ne l'eussent pas entrevu ; les meilleurs l'ont appelé de leurs vœux, mais ils n'osèrent pas le réaliser. C'est que, en proclamant la liberté des transactions, c'est-à-dire la lutte entre les membres de la société, la société n'a pas mis en présence des éléments de force égale, et les forts, armés pour la lutte par l'héritage de leurs pères, l'ont emporté sur les faibles. Avec ce principe, les millions de pauvres, mis en présence de quelques riches, devaient succomber.

. . . . . . . . . . . . . . . . . . . . . .

Et nous avons vu surgir ces immenses fortunes qui sont le trait caractéristique de notre siècle. Un roi du siècle passé « le grand Louis XIV des historiens salariés », a-t-il jamais osé rêver la fortune des rois du XIX$^e$ siècle, les Vanderbilt et les Mackay ?

Et, d'autre part, nous avons vu le misérable réduit de plus en plus à travailler pour autrui ; le producteur pour son propre compte disparaissant de plus en plus, de plus en plus nous avons été réduits à travailler pour enrichir les riches.

. . . . . . . . . . . . . . . . . . . .

Timide à ses débuts, le socialisme parla d'abord au nom du sentiment, de la morale chrétienne.

. . . . . . . . . . . . . . . . .

Plus tard, le socialisme parla au nom de la métaphysique gouvernementale. « Puisque l'Etat, disait-il, a surtout pour mission de protéger les faibles contre les forts, il est de son devoir de subventionner les associations ouvrières... ». — A ceux-là, la bourgeoisie répondit par la mitraillade de juin 48.

Et ce n'est que vingt à trente ans après, lorsque les masses populaires furent conviées à se prononcer dans l'association internationale des travailleurs que le socialisme parle au nom du peuple et, s'élaborant peu à peu dans les congrès de la grande association et, plus tard, chez ses continuateurs, il en arriva à cette conclusion :

Toutes les richesses accumulées sont des produits du travail de tous, — de toute la génération actuelle et de toutes les générations précédentes . . . . . . . . . . . .

Tout est à tous ! Et pourvu que l'homme et la femme

apportent leur quote-part de travail pour produire les objets nécessaires, ils ont droit à leur quote-part de tout ce qui sera produit par tout le monde.

.   .   .   .   .   .   .   .   .   .   .   .   .   .   .

Mais il ne suffit pas de dire « Communisme, Expropriation ! ». Encore faut-il savoir à qui incomberait la gérance du patrimoine commun, — et c'est sur cette question que les écoles socialistes se trouvent surtout divisées, les unes voulant le communisme autoritaire — et nous autres nous prononçant franchement pour le communisme anarchiste.   .   .   .

.   .   .   .   .   .   .   .   .   .   .   .   .   .   .

Que d'autres préconisent la caserne industrielle et le couvent du communisme autoritaire, nous déclarons que la *tendance* des sociétés est dans une direction opposée. Nous voyons des millions et des millions de groupes se constituant librement pour satisfaire à tous les besoins variés des êtres humains, — groupes formés, les uns par quartier, par rue, par maison ; les autres se donnant la main à travers les murailles des cités, les frontières, les océans. Tous composés d'êtres humains qui se recherchent librement et, après s'être acquittés de leurs devoirs de producteurs, s'associent, soit pour consommer, soit pour produire les objets de luxe, soit pour faire marcher la science dans une direction nouvelle.

C'est la tendance du XIX° siècle et nous la suivons ; nous ne demandons qu'à la développer librement, sans entrave de la part des gouvernements.

.   .   .   .   .   .   .   .   .   .   .   .   .   .   .

Affranchissement du producteur du joug du capital. Production en commun et consommation libre de tous les produits du travail commun.

Affranchissement du joug gouvernemental. Libre développement des individus dans les groupes et des groupes dans les fédérations. Organisation libre du simple au composé, selon les besoins et les tendances mutuelles.

Affranchissement de la morale religieuse.

Morale libre, sans obligation ni sanction, se développant de la vie même des sociétés et passant à l'état d'habitude.

Combinez ces trois éléments et vous avez l'anarchie.

Ce n'est pas un rêve de penseurs de cabinet. C'est une déduction qui résulte *des tendances* des sociétés modernes. Le communisme—anarchiste, c'est la synthèse des deux tendances fondamentales de nos sociétés : tendance vers l'égalité économique, tendance vers la liberté politique.

**26 FEVRIER 1886.** — L'ouvrier belge Deruytter tue son exploiteur Stilment et se suicide ensuite. Deruytter. excellent travailleur, était employé à l'aciérie Dorbolot à Paris. Dans le courant de 1885, les patrons commencèrent à réduire les salaires. Deruytter fut presque seul à protester : aussi, finit-on par le renvoyer de l'usine.

Il résolut de se venger, vengeant en même temps ses frères de misère.

Un matin, Stilment se promenait en attendant sa voiture, Deruytter surgit soudain, lui criant :

« Je te tiens enfin, lâche, tu vas mourir ! » Puis il fit feu d'un revolver de fort calibre. L'exploiteur tomba mort, le justicier se tira ensuite un coup de revolver dans la bouche. La mâchoire emportée, vomissant le sang à flots, Deruytter crut voir remuer encore Stilment : il se redressa sur son coude et tira deux fois dans la direction de son ennemi. Enfin appuyant le canon de son arme sur sa tempe droite, il se fit sauter la cervelle.

Cet acte produisit une commotion profonde.

Les socialistes autoritaires, habitués à déblatérer sans périls contre le patronat, se tinrent cois. Seuls les anarchistes se solidarisèrent avec le vaillant ouvrier. Deux mille personnes assistèrent à son enterrement ; malgré un avis placardé dans les ateliers Dordolot et annonçant que les ouvriers qui manqueraient au travail ce jour-là seraient congédiés, plusieurs travailleurs de l'usine n'ont pas craint de manifester leur sympathie en se rendant aux obsèques de Deruytter.

Puissance de l'exemple ! une série d'attentats individuels, notamment ceux de Turgis et Poquet, suivit l'acte de Deruytter et obligea certains patrons à traiter leurs esclaves avec plus de ménagements.

**28 FÉVRIER 1885.** — Le journal anarchiste *Terre et Liberté*, poursuivi deux fois, disparaît et fait place à *l'Audace* qui dure seulement quelques numéros.

# Mars

**3 MARS 1885.** — Le gouvernement helvétique, devenu le gendarme de l'Allemagne et de l'Autriche, arrête ou emprisonne des anarchistes sous prétexte de complot et le procureur Muller, pour obtenir le silence là-dessus adresse aux journaux suisses la lettre suivante :

Berne, le 3 mars 1885.

*Aux rédacteurs et aux correspondants*
*de la Presse suisse.*

La presse suisse toute entière, qui s'est emparée, sans du reste qu'on puisse s'en étonner, de l'enquête menée par le Conseil fédéral, au sujet des menées anarchistes, s'est comportée jusqu'ici d'une manière qu'il importe, pour l'avenir, de rendre plus prudente.

En effet, toute publication prématurée, qu'elle soit ou non l'expression de la vérité, ne saurait que paralyser l'action des autorités chargées d'instruire cette enquête.

Tous ceux dont la plume est au service de la presse ont donc le devoir patriotique d'observer à cet égard un silence complet; le public le comprendra.

Le soussigné, procureur général de la Confédération, tiendra d'ailleurs, de temps à autre, à la disposition de tous les journaux suisses les renseignements que la marche de l'enquête permettra de publier.

Il fait appel encore à l'esprit de patriotisme de nos rédactions et correspondants de journaux, et compte sur leur appui dans le sens indiqué.

*Le procureur général de la Confédération suisse,*
MULLER, conseiller général.

La presse, bien domestiquée, se le tint pour dit, et ne souffla plus mot. Depuis cette époque, la République helvétique est devenue plus que jamais complaisante à l'égard des divers gouvernements européens traquant les révolutionnaires. Qu'est-elle devenue cette terre classique de la liberté ?

**6 MARS 1889.** — Comparution devant les juges italiens du cuisinier Passanante, accusé d'avoir voulu tuer le roi Humbert. L'accusé, qui se défend avec énergie, déclare : « J'ai en haine tous les rois, car ils empêchent « la réalisation de mon idéal, la république univer- « selle... La majorité qui se résigne à son sort est « coupable ; c'est à la minorité à la rappeler à son « devoir... Les réformes politiques n'aboutissent à « rien ». Ainsi, cet obscur illettré, de par son esprit naturel et son honnêteté de caractère, arrivait de lui-même aux conceptions anarchistes. Ce qu'il entendait réellement par *République universelle*, c'était, non la république des bourgeois, gouvernement comme un autre, mais la société communiste anarchiste, assurant à tous le bien-être et la liberté.

Passanante, condamné à mort, fut, malgré ses protestations, grâcié par la clémence royale, et... envoyé au bagne de Porto-Longone, pire que la mort. Martyrisé de corps et d'esprit, il acheva de s'éteindre dans un cabanon.

**8 MARS 1883.** — Les juges autrichiens condamnent Enger et Pleyer à 15 ans de bagne et Bernot à deux ans pour avoir dévalisé un exploiteur dans l'intérêt de la propagande.

**9 MARS 1883.** — Meeting des ouvriers sans travail à l'Esplanade des Invalides. Vingt mille manifestants s'y rendent, des discours sont prononcés. Louise Michel et les anarchistes sont là, haranguant la masse et prêts à tout. Les meurt-de-faim envahissent le noble faubourg Saint-Germain, pillent des boulangeries, mais se dispersent à la fin, sous les charges de la police et de la cavalerie.

**10 MARS 1879.** — A Zurich, les ouvriers Muller et Achmelz, renvoyés par leur patron Wœgeli, le tuent à coup de couteau et se suicident ensuite.

Que de travailleurs réduits par le chômage ou la vieillesse au dénouement le plus épouvantable, songent à mourir ! Pourquoi, avant d'en finir, ne se vengent-ils pas de ceux dont l'âpre cupidité a fait d'eux des désespérés ?

**11 MARS 1887.** — Poquet, ouvrier, outré des misères qu'endurent les esclaves du bagne Lecerf et Sarda, se rend au domicile de ses patrons pour tâcher d'en exécuter un. Il est arrêté avant d'avoir pu mettre son projet à exécution. Traduit, deux mois plus tard, en police correctionnelle, il fut condamné à six mois de prison.

**13 MARS 1881.** — Les nihilistes russes font sauter leur czar Alexandre II. L'un des conspirateurs, Elnikoff, tombe foudroyé par sa propre bombe qui blesse mortellement l'autocrate. Ryssakoff, Kibaltschick, Michaïleff, Scheliaboff et Sophie Perowskaïa furent arrêtés, condamnés à mort et pendus.

Leur compagne Jessa Helfmann, condamnée à mort pareillement, était enceinte ; les tortures que ses bourreaux lui infligèrent ayant indigné l'opinion publique, le nouveau tyran russe fit semblant de la gracier de la peine capitale. Clémence de souverain ! La nihiliste, détenue dans la forteresse de Saint-Pierre et Saint-Paul, y fut empoisonnée.

**14 MARS 1889.** — *Ah ! quel plaisir d'être soldat !* — Dans la nuit du 14 au 15 mars, toute la garnison du fort Cuningham, à l'île Bernuda (Amérique) déserte sans tambour ni trompette.

**15 MARS 1883.** — A Londres, des révolutionnaires s'efforcent, à l'aide de la dynamite, de faire sauter le palais du gouvernement dans Westminster.

**15 MARS 1882.** — Une grève considérable éclate à Roanne (Loire). Un ouvrier appelé Fournier, bien que n'étant ni socialiste ni anarchiste, poussé uniquement par la faim, tire un coup de révolver sur le patron Bréchard et le manque. Résultat : 8 ans de travaux forcés.

**16 MARS 1889.** — A Milan (Italie), dans la prévision d'une commémoration de la Commune, la police perquisitionne chez une trentaine d'anarchistes, et au siège des groupes, où elle ne peut entrer qu'en abattant les portes. Le surlendemain, plusieurs militants sont arrêtés. Détail comique : pour s'emparer du compagnon Ambrogio-Galli, la police l'accusa d'avoir volé des livres à son patron, malgré les dénégations réitérées de ce dernier.

---

**17 MARS 1889.** — A Villa Cella (Italie), 80 paysans, munis de sacs, vont trouver l'archi-millionnaire Spaletti et lui demandent de la farine. Le richard, épouvanté, obtempère sur le champ aux demandes de ces miséreux.

---

**18 MARS 1871.** — Soulèvement spontané du peuple parisien contre le gouvernement et exécution par la foule et les soldats insurgés des généraux Clément Thomas, massacreur de juin 1848, et Lecomte qui avait commandé « feu ! » sur le peuple. Ce mouvement, bien que l'idée anarchiste manquât alors, fut absolument anarchiste d'allures, œuvre spontanée du peuple. Celui-ci n'eût pas besoin pour agir des ordres des Comités directeurs qui ne surent, plus tard, qu'émasculer le mouvement et perdre la Révolution.

---

**19 MARS 1881.** — La *Freiheit*, rédigée par Most, à Londres publie sur l'exécution du czar Alexandre II l'article suivant :

Victoire ! victoire ! La prédiction du poète s'est réalisée ! Un des plus monstrueux tyrans de l'Europe, dont la perte était jurée depuis longtemps et qui avait fait tuer et emprisonner, dans son besoin immodéré de vengeance, d'innombrables héros et héroïnes du peuple russe, l'empereur de Russie, — n'est plus ! Ce fut pendant l'après-midi de dimanche que, revenant d'une de ces odieuses réjouissances, qui consistent à repaître les yeux du spectacle d'un troupeau d'esclaves de fer et de sang, convenablement dressés, et qu'on nomme « revues militaires », que le monstre fut atteint et frappé d'une main vigoureuse par les juges du peuple.

Cet article intitulé *Enfin !* valut à son auteur 16 mois de prison. Le gouvernement anglais a beau haïr le gouvernement russe, il sait que l'intérêt des dirigeants de tous pays est de s'entre-soutenir contre les prolétaires. Avis aux exploités qui sont le nombre et qui, en solidarisant leurs efforts, deviendraient bien vite des hommes libres.

**20 MARS 1890.** — Deux cent mille mineurs anglais se déclarent en grève ; tandis que les ouvriers des Docks à Liverpool, refusent également le travail et reçoivent les policiers à coups de pierres.

Si les travailleurs qui tiennent entre leurs mains toutes les sources de la vie sociale, depuis la houille qui alimente l'industrie moderne, jusqu'à la farine qui sert à nourrir, avaient conscience de leur force, volonté énergique et solidarité, non seulement ils refuseraient de travailler pour entretenir des parasites jouisseurs dans l'abondance, mais ils prendraient en commun possession de tout, cesseraient d'être des exploités sans devenir des exploiteurs et mettraient fin ainsi à cet esclavage moderne : *Le Salariat.*

**21 MARS 1886.** — *Insurrection de mineurs à Jemeppes* (Belgique). — Les révoltés parcourent le bassin de Liège, excitant leurs frères à la grève générale, arrêtant les trains, mettant hors d'usage le matériel des bagnes industriels et luttant courageusement contre la force armée. A Seraing, ils résistèrent avec acharnement aux charges des lanciers et à la fusillade des gendarmes. Depuis plusieurs jours, la population liégeoise était, elle aussi, en mouvement, stimulée par les anarchistes. Dans la seule journée du 18, dix-sept gendarmes, policiers et chasseurs avaient été mis hors de combat. Pendant ce temps, le parti ouvrier, enfoncé dans son légalitarisme, se contentait de fêter l'anniversaire de la Commune et conviait le peuple à une grande manifestation pour le 13 juin, en faveur du suffrage universel ! Moralité : la masse ne doit jamais compter sur le révolutionnarisme des états-majors, qui ne cherchent qu'à faire leur jeu ou sauver leur peau.

**22 MARS 1886.** — *Massacre de mineurs grévistes, à Tilleur* (Belgique). — Deux mille soldats, échelonnés sur les hauteurs, ouvrent un feu terrible sur les prolétaires, qui répondent à coups de carabine, mais sont forcés, à la fin, de céder le terrain, en emportant leurs nombreux blessés

————

**23 MARS 1889.** — *Troubles dans l'Italie du nord où paysans et ouvriers meurent de faim.* — A Bregnano, les paysans refusent de payer l'impôt de famille (*focativo*). A Cerignola, les ouvriers s'insurgent, brûlent l'hôtel de ville et résistent pendant tout un jour à deux compagnies envoyées en hâte de Foggia : nombreux blessés de part et d'autre; trente arrestations. A Florence, les compagnons Cioci, Clementi et Consorti sont condamnés par le tribunal correctionnel à 2 ans de prison et un an de surveillance pour manifestes révolutionnaires.

————

**24 MARS 1794.** — Les jacobins, qui ont accaparé les fruits de la révolution faite par le peuple, envoient à la guillotine les *enragés* : Hébert, Clootz, Vincent, Ronsin, Momoro, Koch, qui, précurseurs des modernes anarchistes, voulaient, en passant par dessus les nouveaux gouvernants, marcher à la conquête du bien-être et de la liberté pour tous. Le dernier mot d'Anacharsis, lancé au peuple du haut de l'échafaud, est : « *Guéris-toi des individus !* »

————

**26 MARS 1886.** — Quarante-deux travailleurs, inculpés dans les troubles de Belgique, sont traînés en correctionnelle, à Liège, et condamnés à des peines variant de trois à six mois de prison. L'anarchiste Wagener est réservé pour les assises. — Les fusillades continuent, sous la haute direction du général Van der Smissen, le Galliffet belge.

————

**27 MARS 1886.** — Le mouvement de révolte des meneurs belges gagne Baudoux, Roux, Marchiennes, Ransart, Lambert : les bagnes capitalistes flambent, le drapeau rouge flotte au vent. Les lanciers sont presque partout repoussés à coups de pierres. Des femmes crient aux soldats qui les mettent en joue : « Tirez, tas de lâches ! nous ne vous craignons pas. » Et elle s'affaissent sous les balles.

------

**28 MARS 1886.** — Les chefs des démocrates socialistes Anseele, Van Beren, Volders, Verchen, continuent à prêcher le calme pendant que la troupe fusille le peuple.

------

**29 MARS 1886.** — A Bruxelles, le gouvernement fait arrêter, dans la nuit, quatre-vingt-dix-huit socialistes considérés comme révolutionnaires, entre autres les anarchistes Monier et Solingard, qui prêchaient la guerre sociale.

------

**30 MARS 1886.** — Le conseil général du parti ouvrier accouche d'un manifeste piteux, demandant du travail au lieu de prêcher la révolte et contenant cette phrase typique : « Le peuple belge ne permettra pas qu'on massacre les pauvres gens « égarés » par la souffrance ».

# AVRIL

**2 AVRIL 1889.** — Ostachkine, gouverneur d'Yakoutsk (Sibérie), fait massacrer une quarantaine d'exilés politiques, hommes et femmes, qui avaient protesté contre l'innovation de règlements barbares. La presse républicaine française, soudoyée par l'or du tyran russe, aujoud'hui son allié, s'efforce de faire le silence sur cet assassinat.

**3 AVRIL 1883.** — Au nom de la liberté de parole et de réunion, les juges parisiens condamnent les compagnons Tortelier, Gauthier, Cardeilhac, Lebat et Montant à chacun trois mois de prison pour participation au meeting de l'Esplanade des Invalides.

**8 AVRIL 1890.** — A Roubaix, enfer industriel, l'ouvrier Vanhamen, est renvoyé par son exploiteur Vanoutryne, tire sur celui-ci, qui en meurt le lendemain, deux coups de revolver. Vanhamen se suicide.

**9 AVRIL 1889.** — Cinq nouveaux cadavres à l'actif de la Société! A Limoges, une malheureuse journalière, la femme Souhain, âgée de 42 ans, réduite à la plus extrême misère, tue ses cinq enfants, pour ne pas les voir souffrir plus longtemps et tente ensuite de se suicider. Arrêtée, elle déclare :

Je reconnais avoir volontairement donné la mort à mes cinq enfants. Mon mari a été arrêté, samedi dernier, pour vol de plomb et condamné à 48 heures de prison. Cette circonstance et la misère dans laquelle je me trouvais avec ma famille, depuis longtemps, sont la cause de ma détermination.

Mon mari n'avait pas de travail régulier depuis dix mois

environ ; quant à moi je triais des chiffons et je gagnais tantôt quinze centimes, tantôt vingt centimes par jour.

Je recevais par mois *cinq mélés* de pain (20 livres) pour sept bouches (!) J'avais aussi des jetons qui me permettaient de prendre ma nourriture aux fourneaux économiques, mais tout cela était loin de me suffire pour moi et les miens.

Quatre mois après, la malheureuse comparaissait devant la cour d'assises, présidée par le sieur Bozon ; elle était défendue par le citoyen Argyriadès, avocat socialiste, qui s'efforça d'établir les véritables responsabilités du meurtre.

Ma tâche, déclara-t-il, est de vous démontrer que non seulement madame Souhain n'est pas une criminelle, mais bien une malheureuse victime de notre mauvaise société, la seule et vraie criminelle qui, sciemment, laisse des misères aussi criantes, aussi noires, aussi abominables que celles de la famille Souhain, sans prendre aucune mesure efficace pour en tarir la source. Je ne m'occuperai pas de toutes les exagérations de M. l'avocat général. Je lui demanderai seulement : Peut-il nous déclarer sur sa conscience que madame Souhain aurait commis son crime si elle avait été heureuse, si elle ne s'était pas trouvée dans la misère ?

Il trouve que la famille Souhain n'était pas assez dans la misère puisqu'elle avait encore un gîte et qu'aucun enfant n'était encore mort de faim !

Bien des chiens sont mieux nourris que ne l'étaient mes enfants, nous disait en pleurant la femme Souhain — rapporte un journaliste, — il y a bien deux mois que je n'avais pu leur donner de soupe à la graisse ; ils mangeaient leur pain sec trempé dans l'eau, et mon mari et moi restions souvent deux jours sans manger pour ne pas diminuer leur part.

Avec la logique bourgeoise, la Cour n'avait qu'une chose à faire : condamner la femme Souhain. Elle n'y manqua pas : la malheureuse mère expie par les travaux forcés à perpétuité le crime d'être née pauvre.

10 AVRIL 1883. — Les compagnons parisiens Quinque et Godard sont condamnés le premier à six mois de prison,

le second à trois mois, pour avoir corrigé le radical
Yves Guyot, qui avait insulté les révolutionnaires.

**11 AVRIL 1877.** — Carlo-Cafiero, anarchiste italien, et un
certain nombre de ses amis qui s'étaient emparés de
Bénévent, chassant les autorités, brûlant les archives
et appelant les populations à la vie communiste-anar-
chistes, sont surpris et arrêtés dans une ferme de
Letino : la prison punit leur courageuse tentative.

**12 AVRIL, 1890.** — A la suite d'une manifestation d'ouvriers sans travail, à Vienne (Autriche), la foule pille
des magasins et détruit complètement deux postes de
police : un grand nombre d'agents sont blessés et une
masse d'arrestations opérées.

**13 AVRIL 1891.** — Grève des ouvriers drapiers, à Brad-
ford (Angleterre), bataille entre la foule et la police, par
suite de l'interdiction d'un meeting. Pendant trois
jours, les travailleurs révoltés, stimulés par les anarchistes, tiennent tête aux policemen et aux soldats.

**14 AVRIL 1879.** — *Attentat du nihiliste Solovief contre
Alexandre II.* — Le despote russe échappa à la mort
et le vaillant révolutionnaire, arrêté, mourut sur une
potence. Bien d'autres martyrs devaient le suivre en
attendant que le czar tombât, deux ans plus tard, sous
une bombe vengeresse.

**15 AVRIL 1881.** — Sophie Pérowskaïa et ses amis Ryssakoff, Kibaltschick, Michaïleff, Scheliaboff, sont pendus
pour avoir débarrassé la Russie du czar Alexandre II.

**17 AVRIL 1886.** — Malgré les endormeurs du parti ouvrier, les mineurs belges continuent à se révolter.
Deux cents grévistes sont dispersés, à Gilly, par la
troupe. A Grammont, les ouvriers employés à la fabrication des allumettes s'emparent de leur fabrique,
repoussent les gendarmes et même les font prisonniers.
Avec l'éternelle générosité des insurgés, ils épargnent
ces brutes (les gendarmes) qui venaient de les décimer

soûs leur fusillade. Plus tard seulement, la troupe arriva dégager les pandores. Nombreuses arrestations opérées, cela va sans dire.

**18 AVRIL 1890**. — Condamnation du compagnon Lucien Weil, premier gérant du *Père Peinard*, à 15 mois de prison et 2,000 francs d'amende, pour article excitant au meurtre, pillage, incendie, etc,, etc.

**19 AVRIL 1889**. — *Ora pro nobis !* à *Valence* (Espagne). — Une cartouche de dynamite placée sous l'autel d'une église, fait explosion et chambarde le sacré lieu.

**20 AVRIL 1891**. — A Cerda (Sicile), deux mille paysans se soulèvent contre une taxe, envahissent les bureaux de la commune, détruisent le registre des impôts, forçent les portes de la caserne des gendarmes et délivrent un des leurs fait prisonnier.

**21 AVRIL 1890**. — Manifestation anarchiste à Roubaix, sur la tombe de Vanhamen, meurtrier de l'exploiteur Delplasse. Lutte avec la police.

**22 AVRIL 1888**. — A Hyères (Var), la foule prend parti pour un ouvrier malmené par la police et l'arrache des mains des agents

**23 AVRIL 1888**. — A Hyères (Var), la population manifeste contre la police et lutte énergiquement avec celle-ci : des arrestations de travailleurs sont opérées.

**25 AVRIL 1885**. — A la prison de Clairvaux, un fonctionnaire tire sur les détenus anarchistes qui avaient laissé entr'ouverte leur fenêtre donnant sur la cour. Toute correspondance par lettres avec le dehors est interceptée sous le prétexte hypocrite de faire viser les missives par le ministère.

**26 AVRIL 1890**. — En Autriche, cent mille mineurs refusent de travailler, se soulèvent, entraînent leurs camarades des manufactures, saccagent magasins et usines et tiennent tête à la troupe : morts et blessés des deux côtes.

**27 AVRIL 1887**. — Procès et condamnation à mort des nihilistes qui avaient conspiré contre la vie du czar ; Generaloff, Andreyitkine, Assipanoff, Chovyreff et Oulianoff furent pendus le mois suivant.

—————

**28 AVRIL 1890**. — Procès des anarchistes Gegout et Malato, rédacteurs de l'*Attaque*. Ce jugement, motivé par les approches de la manifestation internationale du 1<sup>er</sup> mai, se rattachait purement et simplement à un ensemble de mesures répressives. La condamnation avait été si bien mijotée à l'avance que l'officier Lunel, commandant militaire du Palais de Justice, avait reçu avant l'ouverture des débats, l'ordre d'arrêter les deux compagnons à la sortie du Tribunal. Des objections ayant été émises par le commandant, cette tâche fut laissée à la police secrète, qui s'empara des deux anarchistes pour leur faire expier les 15 mois de prison dont ils venaient d'être gratifiés par les juges avec chacun 3.000 fr. d'amende. D'habitude, cependant, les condamnés pour délits de presse ou de parole sont laissés à même de venir se constituer librement, mais on sait que les gouvernants ne se gênent pas, lorsque leur intérêt le leur commande, pour tourner ou violer les lois qu'eux-mêmes ont faites.

Né d'une famille bourgeoise, avait déclaré Gegout à ses juges, j'ai été fonctionnaire, sous-préfet, sans trop savoir pourquoi, inspecteur du service des enfants assistés. J'ai vu de près l'administration avec ses corruptions, son favoritisme, ses bassesses, et c'est cette vue qui, de républicain, m'a rendu socialiste d'abord, anarchiste ensuite. J'avais prévu et dénoncé ce qui devait arriver à Citeaux, où 250 enfants de miséreux, livrés à des religieux oisifs et bien nourris, furent contaminés par ces satyres. « L'inspection que j'ai faite de la colonie pénitentiaire de Citeaux, avais-je écrit dans mes rapports administratifs, m'a suffisamment prouvé que j'avais raison. J'y ai étudié le mode organisateur. Il est surtout productif pour l'association religieuse qui le pratique, mais il est abusif, atrophiant pour ceux qui en sont les rouages. Le mobile de ceux qui dirigent Citeaux, c'est l'intérêt ; leur but, c'est l'enrichissement de la congrégation. On ne s'occupe ni du caractère, ni des tendances, ni des aptitudes de l'enfant. On n'a qu'un but : l'exploiter.

Et le préfet, qui dormait en écoutant mes avertissements, s'est réveillé pour me blâmer, et le ministre a failli prendre sa plume pour signer ma révocation.

Naïvement, malgré mon dégoût, je suis resté encore dans cette galère, croyant pouvoir faire quelque bien. Les années suivantes, je dénonçai les complicités de l'Assistance publique à Mettray, au Bon Pasteur de Rennes et de Nevers, à Montévrain, à Levallois-Perret, à Moulins, etc. Et mes rapports étaient jetés au panier. Arriva l'affaire de Porquerolles. Je devais aller là bas. On s'y opposa. Et les martyrs de l'île Roussen furent dirigés sur Cîteaux. Et ceux qui aidèrent a leur martyre, les Bruyère et les Savouré, furent bien mis au rancart durant quelques jours, pour accorder un semblant de satisfaction à l'opinion publique; mais ils furent renommés bien vite : le premier, membre de la commission de surveillance de l'Assistance publique; le second, directeur du service des Enfants assistés d'un des départements les plus importants du Centre.

Écœuré, j'exigeai ma révocation qu'on voulut bien m'accorder, et je vins à ceux qui combattaient pour la justice sociale. Longtemps, je les crus purs de toute arrière-pensée; mais, un jour, je m'aperçus que ceux qui étaient considérés comme les meneurs et qui faisaient étalage des plus beaux sentiments, n'avaient, au fond, qu'un idéal, qu'une espérance : substituer leur domination à celle des bourgeois qu'ils combattaient et, suivant l'expression même d'un d'entre eux, Chirac, qu'ils considéraient leur passé révolutionnaire comme un capital dont ils devaient toucher les intérêts, soit à la Chambre, soit au Conseil municipal.

Et alors, j'allai du socialisme à l'anarchie, j'allai à ceux qui combattent non pour remplacer mais pour briser la tyrannie et en détruire les rouages. En nous jugeant, vous représentez le combat de la force contre l'idée, et vous allez nous condamner au nom d'un homme (montrant le Christ sur la croix) qui, pour avoir eu des velléités d'affranchissement social, a été condamné par vos ancêtres, les juges d'alors.

Après cette défense, qui produisit une grande impression, Malato présenta également la sienne, dont voici des passages :

. . . . . . . . . . . . . . . . . . .

Combattant l'ordre social que vous défendez, nous sommes exposés aux risques de la bataille : nous frappons, nous sommes frappés : c'est logique, nous ne récriminons point. Bien plus, je m'estime heureux qu'on puisse constater, même à mon détriment, cembien votre ordre social est arbitraire, combien la liberté de la presse est factice. Il ne me déplaît pas que les innombrables naïfs qui, après avoir acclamé jadis la république comme l'idéal de la liberté, du progrès, de l'équité dans les rapports sociaux, s'immobilisent aujourd'hui dans leur situation misérable, en se contentant du mot républicain, soient à même de constater que le gouvernement de la république est tout aussi réactionnaire que ceux de la royauté et de l'empire, — et cela non parce qu'il est gouvernement de la république, mais parce qu'il est gouvernement.

Le gouvernement, l'Etat, quels que soient son étiquette, sa forme extérieure, quels que soient les décors menteurs de la politique, n'a, en effet, qu'un rôle, un rôle forcé, inéluctable, un rôle historique dont il ne s'est jamais départi, dont il ne peut pas se départir un seul instant sous peine de n'être plus le gouvernement : c'est de maintenir l'ordre, — sinon l'ordre politique, qui n'est que très superficiel et qui reçoit forcément des atteintes chaque fois qu'un nouveau personnel arrive au pouvoir (car ce personnel a toujours des amis à caser et des rancunes à satisfaire), du moins, l'ordre social, basé sur le régime propriétaire, et qui est beaucoup plus profond...

L'ordre, dans cette société, basée sur l'inégalité des conditions et la lutte perpétuelle des intérêts, c'est l'écrasement du faible par le fort, l'exploitation du travailleur pauvre par le parasite riche, le tout légalisé par vos codes, sanctionné par vos lois.

L'ordre, c'est la faculté, pour celui que l'exploitation ou les hasards de la naissance ont rendu fortuné, de tarir d'un caprice ou d'un coup de bourse les sources de la vie pour des centaines de familles.

L'ordre, c'est la liberté, pour celui qui ne possède que la force musculaire ou intellectuelle, de mourir de faim s'il ne trouve pas un maître auquel il puisse vendre vigueur ou intelligence.

L'ordre, c'est l'emprisonnement du jeune prolétaire dans ce bagne qui s'appelle la caserne, bagne où on l'abêtit, où l'on étouffe en lui toute initiative, volonté, conscience, où l'on en fait une machine à tuer, où on lui apprend à se défier du peuple dont il sort, à haïr bêtement les prolétaires nés de l'autre côté du fleuve ou de la montagne marquant la frontière, — pauvres diables exploités et tyrannisés comme lui! — et à verser son sang, lui qui ne possède rien, pour sauvegarder cette propriété des autres qui s'appelle la patrie: la patrie! c'est-à-dire les capitaux de Rothschild, les mines de Schneider, le comptoir de Jaluzot.

L'ordre, c'est la prostitution, fille de la misère, érigée en service public pour l'agrément des bourgeois amuseurs, jetant sur le trottoir des milliers de malheureuses manquant de travail ou impuissantes à gagner leur vie par le travail, la moyenne des salaires féminins étant, statistique en mains, de 33 sous par jour.

L'ordre, c'est l'accaparement par une minorité jouisseuse, tant des sources de bien-être formées par la nature, préexistantes à l'humanité et qui, en bonne justice, devraient être le patrimoine commun, que des richesses produites par la classe laborieuse, condamnée à toujours tourner dans le même cercle de misère, comme l'écureuil dans sa cage, jusqu'au jour où elle en sortira en tout brisant.

L'ordre, enfin, c'est le droit pour les puissants de tout dire, de tout oser, c'est la société hypocrite couvrant leurs vices d'un vernis flatteur, jetant un voile sur leurs faiblesses, érigeant un piédestal à leurs crimes, saluant du nom de grands hommes les bourreaux couronnés, chefs d'Etat, généraux, ministres.

C'est la même société, ne laissant aux misérables que le droit de tout supporter, étouffant sans pitié leurs plus légitimes aspirations C'est la justice acquittant Wilson et c'est la poigne du gendarme s'abattant au collet du vagabond, criminel de ne pas avoir de domicile!

Voilà votre ordre, que nous, anarchistes, voulons briser et briser tellement qu'il n'en reste rien.

Est-ce à dire que, parce que nous voulons briser l'organisation actuelle, notre idéal soit la dispersion des individus sur la terre convertie en un désert, que nous voulions reprendre la hache de pierre de nos ancêtres préhistoriques et aller coucher dans des cavernes ? Pas précisément. Nous aussi, nous surtout, aimons le bien-être, nous n'entendons pas nous priver du stock d'idées, de connaissances, de confortable accumulé par les générations ; seulement, nous entendons que tout le monde en profite.

L'anarchie n'est pas, comme le prétendent ses ignorants détracteurs, un simple retour de l'homme trop longtemps comprimé à une vie, à une expansion plus naturelle ; elle n'est pas qu'un idéal lointain entrevu, salué par des philosophes ; elle n'est pas la conception personnelle d'un doctrinaire de génie, nouveau Fourier ou nouveau Cabet ; elle répond aux aspirations mêmes des foules, à l'enchaînement logique des événements : loin d'être reléguée dans les nuages, elle a une base rationnelle, positive et je dirai même, quoiqu'on abuse souvent du mot, scientifique.

L'anarchie, c'est cette force nouvelle, l'association, non plus hiérarchique et autoritaire comme dans les corporations du Moyen-Age (système auquel voudraient nous ramener quelques catholiques pseudo-socialistes), mais libre, se manifestant dans toutes les branches de l'activité humaine : métiers, arts, sciences, prenant possession du monde et élaborant des formes sociales nouvelles. Ce sont les groupements autonomes de travailleurs manuels et intellectuels surgissant de partout et se ramifiant, s'enchevêtrant, formant, non plus dans un seul pays (car la révolution sociale ne pourra être localisée, elle aura sa répercussion partout), mais dans le monde entier, dans le monde pacifié, cette république du travail qui n'aura rien de commun avec votre république gouvernementale. C'est la société de demain dont nous, qu'on taxe de constamment fuser dans le bleu, pouvons définir la forme concrète en deux mots : *fédération économique.*

L'anarchie, c'est la substitution des contrats, des conventions, soit entre individus, soit entre collectivités, — contrats et conventions pesés et consentis de part et d'autre (toujours révisables, modifiables, suppressibles lorsque l'intérêt ne s'en fait plus sentir), à vos codes, à vos lois datant de Justinien ou du premier Bonaparte et qui ont la prétention de régenter une humanité toujours changeante, variant dans ses idées, dans ses goûts, dans ses besoins, dans son mode de vivre, ainsi que des générations qui n'ont pas eu voix au chapitre et qui n'ont pas été consultées.

L'anarchie, en un mot, c'est un nouvel organisme social que vous pouvez ne pas voir, mais qui s'élabore en ce moment et qui, à un moment donné, éliminera l'organisme actuel, trop usé, trop vieux pour durer.

Et c'est justement parce que nous, anarchistes, avons de l'avenir une conception philosophique, libertaire et, quoi qu'on dise, largement *humaine*, que rien, rien, rien ne nous arrêtera pour la réalisation de cet idéal.

# MAI

1er MAI 1890. — Manifestation internationale des travailleurs qui, proposée pour l'obtention de la journée de huit heures, est transformée en procession pacifique par les socialistes parlementaires. tandis que les anarchistes, qui ne croient cependant pas aux révolutions à date fixe, donnent la note virile. En Espagne et en Italie, pays où dominent les éléments d'action, de véritables batailles s'engagent entre le peuple et la force armée. Les chefs socialistes allemands, de plus en plus englués dans la voie parlementaire, reculent la démonstration au dimanche suivant, et en font une fête du travail. Une fête alors que le travail est esclave ! En Autriche, au contraire, depuis les derniers jours d'avril, des collisions sanglantes ont eu lieu dans les grandes villes et les campagnes. En Belgique, en Angleterre et dans la plupart des pays de race anglo-saxonne, les travailleurs défilent en masses immenses et... chantent eur misère et leur soumission.

En France, comme un peu partout, l'approche du 1er Mai provoqua une certaine agitation. La presse, à court de copie, multiplia les nouvelles, et, pour les reporters, ce fut une heureuse époque. Les feuilles vendues, et chacun sait qu'elles sont de beaucoup les plus nombreuses, avaient reçu l'ordre de répandre les bruits les plus alarmants (pour la bourgeoisie salariante) afin de justifier les mesures d'ordre exceptionnelles qu'avaient cru devoir prendre les autorités. Elles s'acquittèrent à merveille de cette tâche.

Pendant ce temps les meneurs du socialisme autoritaire, trop heureux de trouver là une occasion de se faire de la réclame, d'entourer leur nom d'une auréole dont le besoin se faisait grandement sentir, et de faire croire aux gouvernants qu'ils tenaient dans leurs mains le prolétariat français tout entier, multipliaient les réunions privées et publiques, se donnaient de faux airs de conspirateurs et finissaient, à la dernière heure, par conseiller, comme *mesures énergiques*, le calme et la tranquillité.

Jules Guesde se trouvant, le 30 avril, dans une réunion, son fils vint l'avertir qu'on était venu à son domicile pour l'arrêter. Convaincu que son arrestation le lendemain, place de la Concorde ou ailleurs, serait de nature à déchaîner la Révolution, ce farouche révolutionnaire... d'antan, crut devoir au sortir de la réunion se présenter au commissariat de police et se constituer prisonnier.

On n'en voulut pas, le pauvre homme ! Tandis que dans toutes les villes importantes, les centres ouvriers et à Paris, les anarchistes militants étaient traqués et mis en état d'arrestation.

Ah ! les gouvernants n'ignorent pas que le danger ne vient pas des chefs socialistes enlisés dans le parlementarisme, mais des compagnons anarchistes qui, à la journée de huit heures, aux manifestations à heure fixe et aux délégations et pétitions, opposent la révolte, la seule révolte, parce que tout le reste, c'est du temps gaspillé en pure perte.

A Paris, Lyon, Marseille, Lille, Nantes, Bordeaux, Saint-Etienne, Toulouse, Le Hâvre, Montluçon, Reims, Troyes, Brest, Commentry, Bourges, Nevers, etc., etc., les groupes autoritaires, chambres syndicales, cercles corporatifs rédigèrent des pétitions et chargèrent des camarades délégués de les présenter aux pouvoirs locaux: mairies et préfectures. La place de la Concorde, à Paris, eut l'avantage de servir d'atelier aux photographes et dessinateurs qui, ce jour-là, prirent sur le vif, pour en faire cadeau aux journaux illustrés, la barbe rutilante de Ferroul, la blouse de Thivrier, les cheveux légendaires de Jules Guesde et les lunettes de Vaillant.

A opposer à cette ricicule manifestation, la conduite des anarchistes de Vienne (Isère). Ceux-ci entraînent le peuple misérable des tissages, pénètrent dans les magasins de l'exploiteur Brocard, enlèvent du drap qui est aussitôt partagé, et, jusqu'au soir, tiennent dans les rues, drapeaux rouges et noirs au vent.

Oh ! le magnifique mouvement populaire ! parce que, commencé et exécuté par la masse exaspérée des prolétaires Viennois, il sut garder jusqu'au bout ce caractère impersonnel qni est la note des mouvements qui, dans l'avenir, amèneront l'émancipation définitive et intégrale.

Les militants rendus responsables de cette insurrection furent arrêtés ainsi que Louise Michel et Tennevin qui, 2 ou 3 jours avant, avaient pris part à une réunion révolutionnaire organisée par les anarchistes de Vienne.

1er MAI 1891. — La conduite des pseudo-socialistes fut, pour ce second 1er Mai, plus écœurante et plus ridicule encore. Après avoir, quelques semaines auparavant, tenté l'union des forces socialistes, les chefs collectivistes, blanquistes et possibilistes (nuance Allemane) furent obligés d'y renoncer, parce que chaque école voulait, au sein de cette concentration, faire triompher sa tactique et l'imposer aux autres.

A Fourmies, petite ville du Nord, des manifestants pacifiques sont massacrés sur la place publique par la troupe dont les fusils Lebel font merveille sur la poitrine blanche des jeunes filles, frêle des enfants, et usée des vieillards. Le tigre galonné qui commanda le feu fut le commandant Chapu.

Ce massacre servit de thème à des tirades creuses et à des déclamations ampoulées. Les politiciens de l'opposition, réactionnaires, radicaux, boulangistes et membres du parti ouvrier firent chorus et vouèrent à l'exécration publique les auteurs de ce monstrueux attentat. Ce fut un incroyable pullulement d'ordres du jour de blâme, de flétrissure, d'indignation, etc., etc.,

Dumay, Ferroul, Ernest Roche, et autres hâbleurs de la tribune parlementaire, fournirent au ministre Constans l'occasion de se faire une grosse majorité, et, disons-le, c'était justice.

Peut-on admettre un gouvernement qui, averti que, de toutes parts, il sera menacé et attaqué, ne prenne pas les élémentaires précautions que nécessite le souci légitime de sa défense ?

Peut-on admettre que, devant se défendre, il ne se serve pas des armes qui lui sont dévolues : police, gendarmerie, armée ? Peut-on admettre enfin que, mettant en contact le peuple et la milice, un conflit puisse être évité autrement que par la soumission de la foule aux injonctions qui lui sont faites ?

Aussi longtemps, qu'on le sache, qu'il y aura un pouvoir, un gouvernement, une autorité quelconque, le rôle de ce pouvoir, quelles que soient son étiquette et ses attributions, sera de se défendre chaque fois qu'il sera menacé et, pour se défendre, de se servir des armes qu'il possèdera.

Si l'on veut qu'il n'y ait plus de *Fourmies*, il faut vouloir qu'il n'y ait plus de gouvernement, même socialiste, plus d'Etat, même ouvrier.

A Clichy, près de Paris, une douzaine de compagnons déterminés, après avoir parcouru les rues de la localité dans la direction de Saint-Denis, sans que la police et la gendarmerie aient eu le courage de les attaquer de front, se voient traitreusement assaillis chez un marchand de vin. Les anarchistes ripostent à coup de révolver et mettent en fuite ou hors de combat les policiers agresseurs. La gendarmerie de Suresne intervient ; les compagnons, sublimes de sang-froid et de présence d'esprit, résistent, déchargent leurs armes, et frappent jusqu'à ce que, à bout de forces et de munitions, ils sont faits prisonniers, garrottés, conduits au poste, et traités avec la plus lâche barbarie. Decamp, Dardare et Léveillé, couverts de blessures, montrèrent pendant leur détention, qui dura jusqu'au 28 août, un stoïcisme remarquable.

Les politiciens qui exploitèrent le massacre de Fourmies se gardèrent bien de parler de cette affaire, l'une des plus importantes, au point de vue révolutionnaire, de ces 20 dernières années.

Voilà ce que fit le courage de quelques hommes ! Que pourrait faire une levée de boucliers ayant un caractère tant soit peu général ?

**3 MAI 1879.** — Le nihiliste Doubrovine, qui s'était défendu à coups de révolver lors de son arrestation, est pendu à Saint-Pétersbourg.

---

**4 MAI 1886.** — A Chicago, les grévistes, qui ont, la veille, attaqué l'usine Mac-Cormick, continuent la lutte et marchent sur l'arsenal. Bataille à coup de révolver et de fusil avec la police. Morts et blessés des 2 côtés. Le but de l'agitation gréviste était d'obtenir la réduction de la journée de travail à 8 heures.

---

**5 MAI 1886.** — Meeting de Haymarket, à Chicago, où l'*Arbeiter Zeitung* convoque le peuple en armes. Les anarchistes prennent la parole ; des centaines de policiers armés de fusils à répétition chargeant la foule, une bombe est lancée contre eux, qui en étripe 7 ; une décharge générale faite sur le peuple couché à terre 80 [morts et blessés. Quelques jours après, les compagnons Spies, Engel, Fischer, Lingg, Schwab, Neebe et Fielden étaient arrêtés. Leur coréligionnaire Parsons vint se présenter pour partager leur sort. Le plus inique des procès de tendance fut mené contre ces amis du peuple qui, dans une admirable défense, se montrèrent à la fois profonds philosophes et ardents révolutionnaires.

Il n'y a pas de preuve, déclara cyniquement le procureur Hunt, que l'un ou l'autre des accusés puisse être mis en relation quelconque avec le meurtre commis par la bombe jetée sur les policiers, mais ils ont tous participé à une conspiration générale, pour renverser l'ordre existant.

Quinze mois après ils marchaient héroïquement au supplice

---

**6 MAI 1885.** — Les journaux bourgeois qui, en mai 1871, ont applaudi aux assassinats de Galliffet, vouent à l'exécration du genre humain les autorités d'Aspinwal (Amérique centrale) qui, luttant contre une insurrection, ont fait embarquer sur un steamer cent prisonniers choisis parmi ceux réputés les plus dangereux et, les ayant conduits au large, les jettent par dessus bord, les laissant se noyer.

**7, 8 ET 9 MAI 1889.** — En vertu d'une décision du Congrès de Bordeaux, les socialistes autoritaires, moins la fraction possibiliste, se préparent à une sollicitation aux pouvoirs publics, — décorée du nom de mise en demeure, — à l'effet d'obtenir la réduction de la journée de travail et la fixation d'un minimum de salaire. Les anarchistes, tout en se tenant sur l'expectative, prêts à payer de leur personne en cas de complications, refusent de s'associer à cette piteuse comédie, qui se termina, comme tout le faisait prévoir, par la non-réception des délégués.

En effet, constater que le gouvernement n'a, quelle que soit son étiquette, qu'un rôle inéluctable : le maintien de l'ordre, c'est-à-dire du *statu quo*, de l'écrasement des faibles par les forts, de l'exploitation des travailleurs pauvres par les parasites riches, puis venir, au nom des faibles, des exploités, demander quelque chose à ce gouvernement, c'est faire preuve du plus complet illogisme. La lutte contre le capital est inséparable de la lutte contre l'Etat, c'est ce qui fait que tandis que les fractions socialistes autoritaires se ralliaient insensiblement aux divers partis bourgeois, les anti-étatistes, c'est-à-dire les anarchistes, ont seuls continué à mener le combat révolutionnaire.

**10 MAI 1890.** — Les juges de Lille condamnent : Denollet à six mois de prison, Vercruysse à 4 mois, Clays et Pernet à 3 mois et la compagnonne Deman à un mois, pour avoir envahi les bureaux du journal la *Dépêche* (qui avait traité les anarchistes de mouchards) et corrigé ses rédacteurs.

**11 MAI 1878.** — Un jeune homme de 19 ans, le ferblantier Hœdel, tente sans succès de débarrasser le peuple allemand de son sanguinaire et mystique tyran, Guillaume Ier. Le courageux révolutionnaire est arrêté après avoir tiré plusieurs coups de revolver.

**13 MAI 1879.** — A Florence (Italie), les juges condamnent chacun à 21 ans de travaux forcés, les compagnons Franciolini, Innocenti et Colzi, accusés d'avoir, lors d'une procession commémorative de la mort de Victor

Emmanuel, lancé une bombe Orsini sur la clique des dignitaires, nobles et hauts fonctionnaires.

**14 MAI 1888.** — A Plœgsteert (Belgique), mort du dévoué militant Gustave Alsters, à l'enterrement duquel manifestent belges et français.

**15 MAI 1885.** — Profonde agitation à Kensington (Etats-Unis). La veille, déjà, deux mille personnes, réunies en meeting sur la place publique, avaient discuté sur la monstruosité rapportée par le *Public Lloyd* en ces termes :

Une enchère publique de vagabonds de couleur a eu lieu lundi, devant la maison de justice à Richmond, conformément à la loi du Kentucky contre les vagabonds. Un homme a été acheté 950 francs pour un an de service ; un autre 350 francs pour trois mois et une femme 1.025 francs pour douze mois.

Les manifestants, indignés, avaient d'une seule voix, acclamé cet ordre du jour :

Nous, travailleurs de Kensington et Philadelphie, réunis en meeting, avons adopté les résolutions suivantes :

Attendu que, le 4 mai 1885, à Richmond (Kentucky), des hommes et des femmes ont été vendus comme esclaves, conformément à la loi de l'Etat, leur seul crime étant d'être pauvres ;

Attendu que, il y a deux ans, semblable infamie a été commise dans la ville de Saint-Georges ;

Attendu que, chaque année, tandis que la richesse publique augmente et qu'un petit nombre de personnes s'enrichissent, les salaires deviennent plus faibles, les travailleurs trouvent de moins en moins du travail et que, par conséquent, nous serons bientôt réduits, nous et nos enfants, au triste sort des infortunés du Kentucky et de Saint-Georges ;

Nous jurons de détruire ce système de la propriété privée, qui permet au non-producteur d'exploiter, de voler et de vendre comme esclaves les producteurs indigents.

Sachant que les moyens pacifiques, tels que l'arbitrage, le suffrage populaire, etc., etc., sont inefficaces pour atteindre ce but, nous engageons les ouvriers à s'armer et à se préparer pour l'inévitable conflit entre les voleurs et les volés.

Nous recommandons l'emploi de la force afin de détruire tous les tyrans et d'accomplir la révolution sociale qui délivrera les esclaves de l'industrie.

Vive la Révolution sociale !

**22 MAI 1880.** — A Barcelone (Espagne), des ouvriers grévistes incendient la filature Morell.

**24 MAI 1885.** — A la commémoration de la *semaine sanglante*, à Paris, au cimetière du Père-Lachaise, des scènes révoltantes se passent. Les agents de police se précipitent sur les groupes qui arrivent avec leur drapeau rouge ; les policiers frappent à coups de sabre sur les hommes ; l'infanterie des municipaux charge à la baïonnette dans l'intérieur du cimetière. Les révolutionnaires, et surtout les jeunes anarchistes, s'efforcent de répondre à coups de pierre, pendant que les pontifes de la Commune trouvent opportun de prononcer des discours. A la sortie, les municipaux à cheval chargent la foule : une quarantaine de blessés et une soixantaine d'arrestations. Les chefs blanquistes, qui se sont dérobés du cimetière pendant qu'on s'y battait vont, chez un marchand de vins, rédiger une proclamation aussi inoffensive qu'emphatique, où ils vouent les gouvernants à l'exécration de l'humanité... en attendant qu'ils puissent prendre leur place et commettre les mêmes crimes et fautes, inséparables de toute action gouvernementale.

**25 MAI 1871.** — Charles Delescluse, membre de la Commune et délégué à la guerre, se fait tuer sur la barricade du Château-d'Eau. Jacobin, il avait eu le grand cœur de se rallier à un mouvement populaire à tendances socialistes. Il mourut véritablement en anarchiste, après avoir adressé cette proclamation qui contient la plus belle pensée. — peut-être la seule — de toute la Commune ! « *Plus d'états-majors ! plus de chefs ! place au peuple !* »

**26 MAI 1882.** = Condamnation du gérant du *Droit Social* à un an de prison pour provocation au meurtre, au pillage et à l'incendie.

**27 MAI 1888**. — A la commémoration de la *semaine sanglante*, au cimetière du Père-Lachaise (Paris), l'anarchiste Lucas tire trois coups de revolver sur le blanquo-boulangiste Rouillon qui, au nom de l'*Intransigeant* (allié du massacreur Boulanger), portait une couronne sur la fosse des victimes.

---

**28 MAI 1879**. — Pendaison du nihiliste Solowieff, qui avait vainement tenté d'exécuter le tyran Alexandre II.

---

**29 MAI 1890**. — La police de la République française, vassale du pendeur russe, arrête, à Paris, les nihilistes Demski, Mendelsohn, Stépanoff, Ananieff, Levoff, Orloff, Nakadchize, Berditcheski, Achkinazi, Lavrenius les époux Reinstein, Mlle Bromberg et Mlle Fedoroff, inculpés de fabrication d'engins explosibles destinés à faire prendre au tyran russe le chemin d'un monde meilleur. Un pot d'huile d'olive et des paquets de quinine sont emportés avec précaution par les policiers comme matières infernales ! En même temps, les lettres saisies chez les révolutionnaires sont communiquées à l'ambassade russe : on va pouvoir dresser des potences ?

---

**30 MAI 1888**. — La ligue franco-italienne de Toulon ayant organisé un meeting où, sous prétexte de combattre la triple alliance, les ligueurs prêchent l'extermination entre Latins et Germains, le compagnon Fouque vient proclamer au milieu d'une bagarre épouvantable l'internationalisme des anarchistes.

# JUIN

**1er JUIN 1886** — A Lisbonne (Portugal), la population se soulève. Tandis que les républicains s'agitent dans un but purement politique, les anarchistes s'efforcent de donner une poussée vigoureuse au mouvement. Combat dans les rues et mise en état de siège de la ville.

---

**5 JUIN 1878.** — *Attentat du docteur Nobiling contre Guillaume I*er — Vers trois de l'après-midi, comme le tyran allemand passait en voiture découverte dans cette même allée des Tilleuls où il avait failli, le mois précédent, tomber sous le revolver de Hœdel, Nobiling paraît à une des fenêtres de son appartement, une carabine en mains. En bon chasseur, il a chargé son arme avec du plomb n° 4 et des chevrotines. Il vise l'empereur, tire. Au premier coup, il blesse Guillaume à la joue, au second, il l'atteint au dos, au cou, aux membres. Pendant qu'on ramène l'empereur dans son palais avec sept blessures au bras droit, vingt au bras gauche, six au dos, huit à la tête et au visage, on envahit l'appartement de Nobiling pour l'arrêter. Quand la porte de sa chambre a été ouverte, on a vu Nobiling appuyé sur son poêle, le revolver à la main. Le maître d'hôtel s'avance : il reçoit une balle au cou. Le second visiteur est tiré et manqué. Alors, Nobiling se tire un troisième coup à la tempe droite et, enfin, un quatrième. A ce moment, un officier assène héroïquement un coup de sabre sur la tête du mourant. Charles Nobiling, âgé de 30 ans, docteur en philosophie, était une valeur scientifique. Il mourut dans sa prison des suites de ses blessures,

**9 JUIN 1884.** — Le journal le *Droit anarchique* prend la succession de l'*Alarme*.

**9 JUIN 1888.** — Disparition de l'*Idée ouvrière*, du Hâvre, faute de fonds, après une campagne sérieuse et assez longue.

**11 JUIN 1890.** — A Lyon, le compagnon Cadeau est condamné à deux ans de prison et deux ans d'interdiction de séjour pour fabrication de matières explosibles.

**14 JUIN 1890.** — A Conselice (Italie), la troupe fait feu sur des ouvriers en grève, en tue une dizaine et blesse une trentaine.

**16 JUIN 1886.** — A Zurich (Suisse), les travailleurs se mettent en grève et stimulés par des éléments anarchistes, engagent une action offensive. Trois d'entr'eux sont tués et un grand nombre blessés.

**21 JUIN 1884.** — Le journal le *Droit anarchique* disparaît sans laisser de successeur. Dans un an, il avait fallu changer le titre sept fois : une dizaine de gérants étaient en prison ou en fuite. L'*ordre*, désormais régnait à Lyon, grâce à un système très voisin de l'état de siège.

**22 JUIN 1886.** — La cour d'assises de l'Aveyron condamne les travailleurs : Bedel, à huit ans de travaux forcés, Lescure à sept ans de réclusion, Blanc à six ans et Causonnel à cinq ans de la même peine, pour l'exécution de Watrin, à Decazeville.

**23 JUIN 1883.** — A Londres, à la suite de la découverte d'une fabrique de dynamite, le docteur Gallagher, Witead, Wilson et Curtin sont condamnés aux travaux forcés à perpétuité.

**26 JUIN 1877.** — Vera Zassoulitch, jeune russe, fille d'un haut fonctionnaire, tire à bout portant un coup de revolver sur le général Trepoff, chef de la fameuse *3e section*, où se concentrent tous les pouvoirs policiers. Le général avait, sous un prétexte futile, fait bâtonner un détenu politique, acte qui excita l'indignation générale. Vera ne se contenta pas de s'indigner : elle résolut de venger la victime qu'elle ne connaissait pourtant pas, donnant ainsi un double exemple de solidarité humaine et d'initiative individuelle.

Sa balle tint plusieurs mois Trépoff entre la vie et la mort.

L'enthousiasme causé par cet acte de courage fut tel que Vera Zassoulitch, comparaissant l'année suivante devant le jury, fut acquittée à l'unanimité. Néanmoins, à la sortie du tribunal, la police voulut l'enlever, ce qui prouve bien que les gouvernements, qui font les lois, ne les respectent plus lorsqu'elles sont contraires à leurs intérêts : un décret du czar envoyait Vera Zassoulitch en Sibérie. Défendue par la foule, la révolutionnaire put échapper et gagner l'étranger.

**29 JUIN 1885.** — Commencement du procès intenté devant le tribunal de Francfort-sur-le-Mein, à l'anarchiste Lieske. Celui-ci était accusé d'avoir exécuté le conseiller de police Rumpf, qui avait joué un grand rôle dans tous les procès contre les anarchistes et qui, récemment, selon l'acte d'accusation même, avait aidé de toutes ses foaces à faire condamner à mort Reinsdorf et Küchler. Deux coups de poignard avaient fait justice de cet être immonde. Condamné à mort, à 8 ans de bagne et 10 ans de surveillance (!) selon les lois allemandes, le vengeur s'écria, à haute voix, en quittant la salle : « C'est égal, Rumpf est pourtant mort ! ».

Lorsque, le 1er juillet, la sentence fut rendue, plusieurs assistants s'écrièrent : « Vive Lieske ! ». Un pareil cri, dans cette population allemande, caporalisée et terrorisée, dénotait une profonde agitation morale.

**30 JUIN 1884.** — Explosion à Roanne du café Helvétique. Les compagnons Etienne et Jarroux, impliqués dans l'affaire, bien qu'aucune preuve sérieuse ne soit établie contre eux, sont condamnés, ô justice des dirigeants apeurés ! le premier à 3 ans et le second à 8 mois de prison.

# JUILLET

**1ᵉʳ JUILLET 1885.** — L'anarchiste Lieske est condamné à mort par les juges allemands pour avoir exécuté à Francfort-sur-le-Mein le conseiller de police Rumpf.

Il est bien certain que si les rôles eussent été intervertis et si le policier Rumpf eût assassiné l'anarchiste Lieske, dans quelques conditions qu'eût été perpétré cet assassinat, le Rumpf eût été décoré et pourvu d'un avancement sérieux.

———

**3 JUILLET 1876.** — Manifestation révolutionnaire à l'enterrement de Michel Bakounine, mort l'avant-veille à Berne.

Le courageux agitateur russe avait été toute sa vie le champion de la révolte, le propagateur de l'idée anarchiste. Fait prisonnier à Dresde par les troupes autrichiennes, livré au czar, exilé en Sibérie, fugitif, revenu en Europe et rival de l'autoritaire Karl Marx à l'association internationale des travailleurs, organisateur de complots un peu partout, écrivain nerveux qui a laissé quelques notes recueillies et condensées plus tard : *Dieu et l'État, La théologie politique de Mazzini*, etc., Bakounine réunit les qualités rares du penseur et de l'homme d'action.

———

**5 JUILLET 1890.** — Les juges de Lyon condamnent l'anarchiste Jahn à un mois de prison pour outrages aux agents et port d'arme prohibée.

———

**7 JUILLET 1885.** — *Brigandage militaire.* — Le général de Courcy, dévaliseur en chef des populations annamites, adresse au ministre de la guerre ce double télégramme :

Hué, 7 juillet, 4 h. soir. — Aucune nouvelle tentative n'a été faite contre nos troupes. La ville est calme et nous sommes maîtres de la situation.

Les troupes ont été admirables de sang-froid et de discipline, particulièrement le 3ᵉ bataillon de zouaves qui n'a cessé de faire preuve d'une énergie sans pareille.

Le palais est intact. Il s'y trouve pour 5 millions d'argent en lingots et un nombre considérable d'objets d'art d'une valeur incalculable.

Rien à craindre d'un retour offensif.

Général DE COURCY.

Hué, 7 juillet, 11 h. 55 soir. — Nous sommes les maîtres absolus. Les troupes ennemies sont débandées.

Quelques incendies isolés se produisent autour de la légation et sur certains points de la citadelle.

Le palais est toujours intact, grâce à la discipline du bataillon du 3ᵉ zouaves, qui l'a conquis et gardé.

Il renferme de grandes richesses : 5 millions en barres d'argent, « chiffre qui sera certainement augmenté grandement si je trouve les barres en or », valeurs artistiques inappréciables.

J'attends des instructions.

Je demande l'autorisation d'accorder croix et médailles en nombre supérieur à ma provision.

DE COURCY.

C'est pour que les dirigeants puissent se partager des lingots que les enfants du peuple, transformés en assassins, vont tuer et se faire tuer !

12 JUILLET 1890. — La magistrature républicaine condamne chacun à trois ans de prison et 200 francs d'amende les nihilistes arrêtés à Paris, lesquels ne combattaient pas le gouvernement français mais s'occupaient d'études chimiques pour débarrasser leur pays du czar.

Si les gouvernants interdisent sévèrement l'internationale des travailleurs, ils pratiquent sans vergogne l'internationale des oisifs et des oppresseurs. C'est toujours la même histoire : ils trouvent mauvais pour les autres ce qu'ils trouvent bon pour eux. Et dire que des millions de prolétaires ajoutent encore foi aux sinistres blagues du patriotisme dont ils sont les séculaires victimes !

---

**13 JUILLET 1887.** — *Beautés du militarisme !* — A Provins, un soldat du 9ᵉ dragons, ayant mal exécuté une manœuvre, avait été, la veille, frappé par son brigadier d'un coup de plat de sabre qui lui tuméfia les chairs et lui fit enfler le bras. Le soldat fut, en conséquence, dispensé de service par le chirurgien. Mais, le lendemain, le brigadier ordonna à ce soldat de se rendre à l'exercice en le menaçant de le faire passer au conseil de guerre s'il refusait. Le bras inerte et incapable de service, il monta à cheval et, quelques instants après, perdant l'équilibre et tombant de selle, se fracassait le crâne.

Le militarisme, comme le clergé, comme la finance, comme la police, comme le gouvernement lui-même, est un fléau qu'on doit non réformer mais détruire. Réformer un mal n'équivaut pas à le supprimer : loin de là, plus il paraît anodin, plus il est dangereux parce qu'on est porté davantage à le tolérer. Pour les anarchistes, l'esclavage de la caserne est toujours aussi abject, qu'il dure sept ans, cinq, trois ou même un seul, qu'il s'exerce au nom de la république ou au nom de l'empire.

---

**14 JUILLET 1881.** — Congrès international anarchiste de Londres qui servit de base aux enjuponnés français pour, l'année suivante, au procès de Lyon, accuser les anarchistes d'affiliation à l'Internationale.

---

**14 JUILLET 1889.** — *Le 14 Juillet des miséreux.* — Pendant que la France en général et Paris en particulier, se grisaient de chants, de fanfares, de danses, dans un quartier pauvre de la capitale, rue d'Avron, la famille Hayem composée du père, de la mère et de cinq enfants (en tout sept personnes), demandait à l'asphyxie la fin de ses tortures.

Paris qui, cette année là, resplendissait de l'éclat inaccoutumé des fêtes de l'Exposition universelle, amoncela sur les cercueils des couronnes et des fleurs. On dépensa pour la lugubre cérémonie des obsèques dix fois ce qu'il aurait fallu pour arracher ces désespérés à leur funèbre résolution.

Epouvantable société où le rire des uns est endeuillé par les sanglots des autres, sois maudite !

**15 JUILLET 1886.** — Condamnation de l'anarchiste Gallo à vingt ans de travaux forcés par la Cour d'assises de Paris. En mars de la même année, il s'était rendu à la Bourse, puis avait jeté au milieu de la corbeille un flacon qui s'était brisé en répandant une mauvaise odeur. C'était un explosif, mais qui, préparé précipitamment et avec des procédés rudimentaires, n'avait pu produire son effet. Gallo tira alors 5 coups de révolver, au hasard, sur les boursicotiers qui s'enfuirent et ne revinrent, criant très fort, qu'une fois le compagnon arrêté.

Traduit une première fois devant les assises le 26 juin, Gallo y eut une attitude si énergique que les gardes l'enlevèrent avec force coups, et que l'affaire fut renvoyée à une autre session. Cette fois encore (15 juillet), l'accusé montra la même fermeté. Comme mes convictions me commandaient d'agir, déclara-t-il, j'ai voulu me battre comme un soldat se bat quand il n'a pas l'espérance de vaincre. Et quand le président lui eût demandé s'il était vrai que, dans les réunions parisiennes, on avait glorifié le meurtre de Watrin, « Certainement, répondit-il, j'espérais que c'était le « commencement d'une longue série, voilà le seul « moyen pour le prolétaire de s'affranchir ».

Il entendit prononcer la sentence sans broncher, en anarchiste.

**16 JUILLET 1878.** — Paraît à Verviers (Belgique) *le Cri du peuple*, un des premiers journaux anarchistes.

**17 JUILLET 1889.** — Les juges de Bourges condamnent à 15 jours de prison Bergeron, qui travaillait à la pyrotechnie, et avait bousculé son chef d'atelier, le capitaine Lagneau, homme féroce pour ses employés.

**19 JUILLET 1886.** — Bataille à Covilha (Portugal) entre soldats et paysans. Blessés de part et d'autre.

---

**20 JUILLET 1889.** — Les anarchistes, entre autres le compagnon Merlino, s'efforcent de porter la parole libertaire au congrès international organisé à Paris par les socialistes marxistes. Traités jésuitiquement de mouchards par les Guesde, Vaillant et Deville, luttant à un contre quinze, ils sont finalement expulsés : avant-goût de la liberté dont on jouirait sous un *gouvernement* socialiste.

---

**21 JUILLET 1889.** — A Troyes, les boulangistes ayant organisé une réunion fermée et voulant museler toute contradiction, les anarchistes pénètrent dans la salle de force et, devant le refus des politiqueurs césariens de leur donner la parole, emportent le bureau d'assaut.

---

**22 JUILLET 1882.** — Les compagnons Bordat et Régis Faure sont condamnés, le premier à un mois de prison et le second à huit jours, à la suite d'une manifestation au cimetière de la Ricamarie. Le gouvernement républicain vaut le gouvernement impérial.

---

**23 JUILLET 1886.** — Révolte à la prison de la Roquette (Paris). A la suite de la suppression de l'argent de poche, produit du travail, les prisonniers s'insurgèrent. L'exploitation des malheureux prisonniers est un avant-goût du socialisme d'Etat.

---

**25 JUILLET 1888.** — A une grande réunion boulangiste organisée à Paris, avenue Lowendal, les militants anarchistes prennent la parole sous une tempête d'invectives et de projectiles : ils opposent à la révision de la constitution, véritable attrape-nigauds, la révision de la société.

---

**26 JUILLET 1885.** — Démonstration monstre des travailleurs anarchistes de Chicago qui, au nombre de 4.000, défilent dans les rue, drapeaux rouges en tête. Des corps de métiers de toute espèce, des compagnons et compagnes américains, français, allemands, y prennent part : Parsons et d'autres militants célèbrent la future société sans Dieu ni maître, rappellent que tous les hommes sont solidaires, et concluent ainsi :

Organisez-vous, apprenez à vous défendre : attaquez ! Il faut que cette société d'exploitation périsse et que le travailleur devienne le maître de son travail.

Les rouges bannières des manifestants portaient les devises suivantes :

Les gouvernements sont pour les esclaves ; l'homme libre se gouverne lui-même ;

Sans lois, l'homme est libre ;

Pour devenir libre, agis !

Pas de classes ! Pas de castes : L'Égalité !

Tout gouvernement est une conspiration des riches contre le peuple ;

Capital privé, capital volé ;

Liberté sans égalité, mensonge !

Balle, bâton, baillon, voilà la civilisation.

Les policiers n'osèrent se montrer, les bourgeois tremblèrent. Ils devaient, l'année suivante, prendre une terrible revanche en fusillant les travailleurs et en arrêtant, pour les envoyer au gibet, les plus énergiques propagandistes anarchistes.

**29 JUILLET 1878.** — Condamnation à mort du jeune anarchiste Hœdel, pour avoir tiré sur l'empereur d'Allemagne. Il écoute sa sentence la tête haute et le sourire aux lèvres.

**31 JUILLET 1889.** — Les juges d'Avignon condamnent à 8 jours de prison le compagnon Chabreu pour avoir, le 13 juillet au soir, arboré le drapeau rouge.

# AOUT

**1er AOUT 1887.** — A Toulon, les ouvriers sans travail manifestent et, éconduits par la municipalité, transforment leur procession pacifique en démonstration révolutionnaire. Ils parcourent les rues de la ville drapeau rouge et drapeau noir en tête, après avoir mis en fuite les édiles et rossant quelques bourgeois qui les insultaient ; la police n'ose se montrer.

___

**2 AOUT 1888.** — Les employés de l'alimentation manifestent, à Paris, pour la suppression des bureaux de placement : batailles avec la police.

___

**3 AOUT 1888.** — A la sortie d'une réunion à la bourse du travail, les ouvriers parisiens de l'alimentation attaquent les bureaux des placeurs qui les exploitent odieusement. Des luttes acharnées ont lieu contre les agents.

Cette agitation contre les bureaux de placement ne pouvait évidemment pas aboutir à de bien sérieux résultats ; mais elle avait un double avantage : le premier, de se révolter contre une forme particulière, et peut-être la plus odieuse, de l'exploitation contemporaine ; le second, d'habituer la population parisienne, sympathique en majorité à cette agitation, à prendre possession de la rue et à moins redouter le contact des policiers, des gardes municipaux et de la troupe.

___

**4 ET 5 AOUT 1878.** — Congrès annuel de la Fédération jurassienne, commencé la veille, à Fribourg (Suisse). Elisée Reclus, qui ne peut y assister, a envoyé un mémoire contenant les passages suivants :

Nous sommes révolutionnaires parce que nous voulons la justice... Jamais un progrès, soit partiel, soit général, ne s'est accompli par simple évolution pacifique : il s'est toujours fait par une révolution soudaine. Si le travail de préparation se fait avec lenteur dans les esprits, la réalisation des idées a lieu brusquement...

... Et comment procéder à cette révolution ? Commencerons-nous par abdiquer pour devenir libres ? Non, car nous sommes des anarchistes... qui n'ont personne pour maître et ne sont les maîtres de personne... En supprimant l'Etat, nous supprimons aussi toute morale officielle... Il n'y a de morale que dans la liberté.

Nous n'avons point à tracer d'avance le tableau de la société future : c'est à l'action spontanée de tous les hommes libres qu'il appartient de la créer et de lui donner sa forme, d'ailleurs incessamment changeante comme tous les phénomènes de la vie.

---

**6 AOUT 1886.** — A Paris, six cents travailleurs de l'alimentation, dont un grand nombre anarchistes, manifestent violemment contre les patrons des bureaux de placement qui les exploitent de la façon la plus épouvantable.

Plusieurs de ces officines de marchands d'esclaves sont envahies et saccagées. La fièvre de révolte gagne plusieurs autres corporations qui commencent, elles aussi, à s'agiter.

---

**8 AOUT 1890.** — La Cour d'assises de Grenoble condamne les anarchistes : Pierre Martin, à cinq ans de prison, et dix d'interdiction de séjour, Tennevin, à deux ans de prison et cinq d'interdiction et Buisson à un an de prison, pour excitation ou participation à l'émeute ouvrière du 1er mai de la même année, à Vienne (Isère).

L'attitude des accusés fut digne de la cause qu'ils défendaient. Accusés d'avoir, avec Louise Michel, développé les théories les plus incendiaires dans une conférence donnée le 29 avril, Tennevin répondit :

Je suis anarchiste et, par conséquent, révolutionnaire.

Le 29 avril, j'ai prononcé un discours anarchiste et révolutionnaire. J'ai prêché la révolte, la lutte ouverte contre les patrons, la lutte *avec toutes ses conséquences*. J'ai prononcé des discours violents, je le reconnais et je ne vais pas m'amuser à discuter sur tel ou tel mot, sur telle ou telle expression.

Inculpé d'avoir conduit les manifestants au pillage des magasins de l'exploiteur Brocard, Pierre Martin termina sa défense par ces belles paroles :

Pour terminer, Messieurs, je tiens à vous répéter que je n'ai nullement songé à décliner la responsabilité de mes actes, aujourd'hui moins que jamais. Ma conduite m'est inspirée par un amour profond du peuple, par le spectacle des misères qu'il endure et dont j'ai été témoin depuis ma plus tendre enfance.

Ceux qui les ignorent, ces misères, peuvent me traiter d'exalté, peuvent me qualifier de coupable : mais je suis sûr que s'ils les avaient vues comme moi, ils partageraient ma sympathie pour ceux qui en souffrent et ma haine pour ceux qui les causent.

C'est pourquoi je ne regrette pas ce que j'ai fait. La manifestation du 1er mai a eu un résultat dont je me félicite : elle a montré qu'on n'obtenait rien quand on ne savait pas le prendre de vive force. Et si les braves femmes de la carde ont conquis l'heure pour manger à midi, c'est à leur attitude énergique qu'elles le doivent.

.     .     .     .     .     .     .     .

Nos sœurs nous enverront leur souvenir à travers les barreaux de notre prison et cela nous donnera le courage pour supporter bravement notre peine sans une plainte, sans un regret.

Un pareil langage causa une profonde impression et, pour la première fois peut-être, força au respect les valets de la presse bourgeoise.

---

**9 AOUT 1885**. — A Lonigo (Italie), les ouvriers employés à l'endiguement du Gua, se mettent en grève, au nombre d'environ six cents. Ils ne touchaient que 70 centimes par jour pour un travail pénible de quatorze heures, commençant à 5 heures du matin et finissant à 7 heures du soir. La grève dure plusieurs jours ; l'exploiteur, n'ayant voulu faire aucune concession, est assiégé dans la maison où il s'était retiré. Les carabiniers, accourus avec les autorités, sont obligés de s'en retourner dans leur caserne, ne pouvant contenir les grévistes.

**10 AOUT 1883.** — Manifestations anarchistes à Vienne (Autriche), devant les bureaux de la police. Lutte avec la force publique.

**11 AOUT 1887.** — Les compagnons Monod et Naudet passent en cour d'assises sous l'inculpation de tentative d'assassinat sur la personne du Procureur de la République de Dijon ou d'un de ses agents. En présence de l'acquittement des deux camarades, les magistrats, pour se venger, les rattrapèrent en correctionnelle où ils furent condamnés : Monod à 3 ans et Naudet à 3 mois de prison. Si Monod a été frappé d'une aussi sévère condamnation, c'est que depuis 1880, il travaillait activement à répandre les principes pouvant amener au plus vite une transformation sociale.

**12 AOUT 1883.** — A Lyon, le journal anarchiste *le Drapeau noir* remplace *la Lutte.*

**13 AOUT 1882.** — Ouverture de la conférence internationale anarchiste de Genève, où les groupes français, italiens et russes envoient 50 compagnons.

**14 AOUT 1882.** — Clôture de la conférence internationale anarchiste de Genève, où la séparation complète des anarchistes d'avec tous les autres partis est reconnue comme indispensable.

**15 AOUT 1883.** — Les ouvriers mineurs de Montceau-les-Mines, tyrannisés par l'exploiteur Chagot et un clergé fanatique, se soulèvent, brisent des croix, font éclater des cartouches de dynamite dans des chapelles ou aux portes des maisons des plus féroces contre-maîtres et prennent même des otages parmi les bourgeois, mais, dupes de leur bon cœur, les relâchent bénévolement.

Tandis que les loups du pouvoir et de la fortune se sont constamment montrés à l'égard de leurs victimes d'une férocité implacable, les agneaux de la pauvreté et de la servitude se sont toujours laissés apitoyer.

C'est une faute qu'il convient de ne plus commettre si, maîtres du champ de bataille, les opprimés veulent goûter en paix aux fruits savoureux de la victoire.

N'est-il pas ridicule de se montrer chevaleresques envers des ennemis qui le méritent si peu et, désarmés, ne demandent grâce que pour, s'étant relevés, frapper par derrière et redevenir bourreaux ?

---

**16 AOUT 1878.** — Le ferblantier Hœdel, qui a tiré un coup de révolver sur l'empereur d'Allemagne sans l'atteindre, est exécuté. Il meurt bravement en faisant appel à la révolution.

---

**17 AOUT 1884.** — A Saint-Quentin, charges de la troupe contre les ouvriers grévistes. Blessés et arrestations.

---

**18 AOUT 1887.** — Ce soir là, à Paris, des agents de police et de la sûreté cernaient une maison de la rue Galande. Tout à coup, un individu sort et s'enfuit en courant. « Arrêtez-le ! » braillent les agents. Dans sa course, le fuyard heurte une sorte d'hercule, qui s'efface aussitôt pour le laisser passer. Fureur des sergots, qui demandent à ce passant pourquoi il n'a pas arrêté le fugitif :

— Je ne suis pas policier, répond-t-il sans s'émouvoir. Je ne connais pas cet homme, et la police arrête tant d'honnêtes gens que je n'ai pas voulu risquer de commettre une mauvaise action.

Combien d'individus, élevés dans le respect stupide de l'autorité, n'auraient pas fait cette réponse si simple et si juste !

---

**28 AOUT 1891.** — Procès des compagnons Decamps, Dardare et Léveillé, arrêtés pour les faits relatifs au 1er mai dernier, à Clichy-sur-Seine.

D'après l'acte d'accusation, Decamps, le plus chargé des accusés, avait le 25 avril, dans une réunion à Saint-Denis, tenu le langage suivant :

Citoyens, citoyennes, armez-vous tous, le 1· mai, de fusils, de couteaux, de pioches, de revolvers, afin que, ce jour-là, s'il faut verser du sang, nous puissions nous défendre jusqu'à la mort. Allons tous ensemble chez les commerçants, prenons ce qu'il nous faut Si l'on nous résiste, il ne faut pas avoir peur de tuer les gens qui se trouvent en face de nous.

Citoyens, citoyennes, ce que je vous demande le jour du 1er mai, c'est que personne ne recule devant la mort. Si les agents de police viennent devant vous, il ne faut pas avoir peur de les tuer comme des chiens, comme des cochons, comme des vaches qu'ils sont

Comptez sur le citoyen Decamps et crions tous ensemble : « A bas le gouvernement! Mort à Carnot! Mort à Constans! Vive la révolution sanglante !

L'accusation raconte ensuite la manifestation à sa manière : les placards affichés dans la banlieue Nord de Paris, le rendez-vous donné à Levallois-Perret, la promenade que firent quinze ou vingt anarchistes, drapeau rouge en tête, enfin la halte chez un marchand de vins, à Clichy.

Grâce à leur présence d'esprit, les accusés font avouer aux policiers que c'était ceux-ci qui les avaient provoqués en venant dans le débit saisir leur drapeau rouge alors replié. Les agents, d'abord repoussés, furent bientôt renforcés par de la gendarmerie à cheval qu'accompagnaient le commissaire de police et son secrétaire. La lutte reprit avec fureur :

Decamps, dit l'acte d'accusation, était armé d'un revolver du calibre 12 et d'un poignard, et il faisait face au brigadier de gendarmerie Naudet, sur lequel il tirait en tenant son revolver appuyé sur son bras gauche pour mieux diriger ses coups. Le brigadier montait un cheval rétif qui faisait des bonds à chaque détonation, et c'est sans doute à cette circonstance qu'il a dû d'échapper aux balles de Decamps. Dardare et Léveillé avaient des revolvers du calibre 7. Lorsque le commissaire de police rejoignit ses hommes, seuls Decamps, Dardare et Léveillé tenaient tête aux agents de la force publique.

Au moment de l'intervention du commissaire de police, Decamps, qui n'avait plus son revolver ni son poignard, avait désarmé le sergent de ville Vernier et, avec son sabre, il lui avait fait plusieurs blessures. Il avait également frappé le sergent de ville Magnier, mais ce dernier, plus heureux que Vernier, n'avait reçu que des contusions. Ses habits seuls avaient souffert

Decamps est arrêté par le commissaire de police ; le gendarme Beyer s'empare de Dardare au moment même où il venait encore de faire feu sur le gendarme Girard. Quant à Léveillé, il était parvenu à s'enfuir par un passage et à se cacher dans les cabinets d'aisances d'une maison de la rue de la Fabrique. Atteint à la cuisse, il perdait beaucoup de sang. On a suivi sa trace comme celle d'un lièvre blessé. On ne trouva pas d'arme sur lui ; mais *sur les indications d'une locataire de la maison où il s'était réfugié*, on découvrit dans un tas d'escarbilles son revolver de calibre 7, encore chargé de quatre balles et contenant deux douilles vides.

Les autres manifestants n'ont pu être découverts. Le drapeau rouge a été retrouvé derrière une porte.

S'il n'y eut pas mort d'hommes, il y eut du côté de la police, cinq blessés. De leur côté, les anarchistes ne furent pas épargnés. Mais les traitements qu'ils subirent, une fois ligottés et transportés au poste, l'acte d'accusation n'en souffle mot. De demi-heure en demi-heure, on les *passa à tabac*, à coups de pied, de crosse et de canon de revolver. Un des agents tira son couteau et voulut suriner Dardare ficelé par terre. Un de ses camarades ne l'en empêcha qu'en se colletant avec lui. Le médecin qui, neuf jours après le 1er mai, vint examiner les prisonniers au Dépôt, constata que Decamps avait la tête et le corps couverts de plaies contuses, alors que la blessure était bien fermée. Enfin, lorsque le policier en chef Goron aperçut les anarchistes ligottés et saignants, il s'écria : « Ne dirait-on pas des cochons ! »

L'attitude des accusés fut aussi énergique devant les juges que devant les policiers.

Ma tête, répondit Decamps, on peut la couper. Je la livre ; je la porterai fière et droite devant l'échafaud. Une tête d'anarchiste de plus ou de moins n'empêchera pas la propagande. — Vous êtes bon travailleur, dit le président à Léveillé ; malheureusement, vous buvez ! — Oui je bois, répond avec force l'accusé. Je bois et je mange : tout le monde boit et mange. — Vous avez fait déjà six jours de prison pour vol ? demanda l'enjuponné à Dardare. — Une nuit, réplique le compagnon, je passais avec un ami devant un café. Par plaisanterie, j'ai déplacé une table qu'on avait laissée dehors. J'ai été condamné pour vol. Ce jour-là, on a jugé trente-et-un délits en une demi-heure.

Les magistrats, qui avaient empêché deux propagandistes de présenter la défense de leurs coreligionnaires, empêchèrent encore Decamps de lire un mémoire exposant les idées pour lesquels il risquait sa vie :

C'est une conférence que vous nous faites ! exclama le président. — Bon ! riposta le compagnon, vous nous traitez d'assassins et vous nous refusez le droit de nous défendre ; soit ! je m'arrête : conduisez-nous immédiatement à la place de la Roquette.

Néanmoins l'avocat Lagasse présenta une défense éloquente des anarchistes :

Je ne suis qu'un bourgeois, s'écria-t-il, mais si j'étais né comme Decamps, parmi les déshérités, peut-être serais-je comme lui, allé prêcher la haine de la société marâtre !

Le verdict fut un échec marqué pour l'avocat général qui réclamait les trois têtes : cinq ans de prison pour Decamps, trois ans pour Dardare, Léveillé acquitté. — « Au revoir ! les amis, » crièrent les condamnés en se retirant, emmenés par les gardes. — « Au revoir ! » répondirent les nombreux anarchistes présents. A la prochaine ! à la sociale !

------

**28 AOUT 1886.** — La *Liberté sociale* paraît à Lyon ; elle dure deux mois.

C'est le sort de presque tous les organes révolutionnaires ; en inscrivant dans le Code la liberté (?) de la presse, la bourgeoisie capitaliste s'est donnée, sans danger, des allures libérales. Elle savait bien que, sans argent, un journal n'a aucune chance de succès et que, le succès commençât-il à se dessiner, la magistrature est toujours prête à accabler une feuille révolutionnaire sous la grêle des condamnations et des amendes.

# Septembre

**1er SEPTEMBRE 1883.** — Van Parys, expulsé par son propriétaire, Lecomte, tire sur lui trois coups de revolver dont un l'atteint sérieusement.

Beaucoup de personnes, de nos jours encore, réprouveront un acte semblable. Celles-là, ce sont celles qui ayant toujours, ou à peu près, trouvé le moyen de payer leur propriétaire, ne connaissent pas, par expérience, les angoisses des expulsés. N'assassinent-ils pas chaque jour des milliers de familles ces âpres détenteurs d'immeubles qui saisissent le mobilier des non-payants, et les rejettent dans la rue, sans abri et souvent sans pain?

Dès lors, quand un de ces expulsés venge ses camarades de misère, est-il coupable?

**1er SEPTEMBRE 1889.** — *Réunion anarchiste internationale à Paris.* — Ce jour-là, plusieurs centaines de compagnons de Paris, de province et de l'étranger se rencontrent à la salle du commerce. Pas de constitution de bureau, de vote de résolutions, aucun attirail autoritaire; aussi, malgré les différences de tempérament de ces militants français, espagnols, italiens, belges, allemands, anglais, américains, l'harmonie ne cesse-t-elle de régner. Le compagnon Tarrida retrace l'historique du mouvement en Espagne et les vicissitudes de la Fédération dont il fallut faire craquer l'organisation autoritaire. Il conclut en disant qu'on ne peut, sous peine d'anti-libertarisme, tracer à l'avance le cadre de la société future, que les travailleurs pourront préférer: ici la répartition collectiviste (le collectivisme espagnol ne ressemble pas à celui des marxistes), plus loin, la

prise au tas communiste. Merlino blâme les autoritaires
d'avoir réduit la question sociale à la question du
ventre, éliminant, comme sentimentalités, certaines
forces de progrès : moralité, justice, solidarité, etc., et
prêchant le fatalisme économique, alors que le principal
facteur des destinées de l'homme, c'est l'homme lui-
même.

Pour les autoritaires, dit-il, la révolution est l'œuvre d'un
parti qui s'emparera du pouvoir et constituera un gouvernement. Il formera une sorte de dictature que les ouvriers armés seront chargés de défendre. Elle intéressera les masses
par des concessions : 50 0[0 de remise sur les dettes hypothé-
caires, le droit pour les ouvriers de choisir leurs contre-
maîtres, etc. On procédera par voie de décrets.

Les autoritaires envisagent la future société comme
une grande compagnie ayant ses gérants et ses ouvriers.
Il n'y aura plus d'intérêts, de profit, ni de rente, mais on
paiera un énorme impôt qui servira au même usage.
L'ouvrier se nommera sociétaire, le capitaliste fonctionnaire, le franc bon de travail, le Bon Marché
entrepôt public, tel sera l'Etat socialiste. Après lecture
de plusieurs communications de groupes sur la propagande dans les campagnes, les maladies engendrées
par le régime actuel, la situation en Angleterre, etc.,
la discussion s'engage sur la question du vol :

Tous les moyens sont bons pour lutter contre la société, dit
Brunet — Ce qui caractérise les anarchistes, déclare Tortelier, c'est la loyauté et la franchise qu'ils doivent avoir entre
eux, mais nous ne pouvons vivre dans la société actuelle en
agissant selon nos idées : le besoin de vivre chaque jour nous
force à employer les mêmes moyens que les bourgeois : ruse
et crédit quand on n'a pas le courage d'entrer en lutte ouverte et de prendre de vive force. Il faut s'attendre à ce que
tous les malheureux, tous les voleurs, tous les traqués de la
société viennent chercher un refuge dans nos rangs et nous
nous sentons assez forts pour les réhabiliter, car nous consi-
dérons tous les individus comme irresponsables.

— Tout est à tous, déclare alors Sébastien Faure, car le
travail se compose de ces facteurs : nature, instruments de
travail, homme, et la nature est à tous, l'instrument de travail est le produit des générations successives qui ont élaboré

la science. Préparant la révolte universelle de demain par les révoltes individuelles d'aujourd'hui, revendiquons quiconque porte une main brutale sur l'autorité ou la propriété.

Par cette réunion, où furent discutées à fond les plus importantes questions philosophiques et économiques, l'idée anarchiste fit un grand pas en avant.

**8 SEPTEMBRE 1889.** — Deuxième séance de la réunion internationale anarchiste, à Paris. Le compagnon Malato aborde la question de l'attitude des anarchistes en temps de guerre :

Ne nous endormons pas dans la philosophie pure : tous les Etats européens sont à la veille d'une dislocation amenée par les nécessités économiques. Prenons garde qu'ils ne recourent à cette terrible diversion : la guerre. S'il en est ainsi, les déclarations de principes et même l'action individuelle ne suffisent plus : sous n'importe quel motif, il faut lancer le peuple contre les capitalistes.

Paul Reclus croit la guerre moins imminente et se préoccupe surtout de la propagande auprés des paysans. « Au jour de la révolution, il faudra sans retard déver- « ser dans les campagnes nos produits manufacturés, « agglomérés dans les magasins des villes ». La question du vol est, comme à la séance précédente, très débattue contradictoirement. Leboucher regrette que des camarades se fassent arrêter pour peu de chose. « L'assistance publique et la rélégation, constate-t-il, « ont remplacé la guerre pour débarrasser le gouver- « nement de ceux qui le gênent ». Descamp, reprenant la question de la guerre, déclare que le meilleur est de se dérober au service militaire jusqu'au moment où, les armées étant aux frontières, on pourra se ruer sur le gouvernement : « Ne vaut-il pas mieux mourir pour « la révolution, en défendant son droit et ses idées, « qu'en défendant la propriété bourgeoise » ?

Après quelques autres discours, la réunion est levée aux cris mille fois répétés de « Vive la révolution sociale ! Vive l'anarchie » !

**10 SEPTEMBRE 1887.** — *L'Idée Ouvrière*, vaillant petit journal anarchiste, paraît au Hâvre.

**12 SEPTEMBRE 1880.** — Apparition du premier numéro de la *Révolution sociale*, qui fait une excellente propagande, bien que le préfet de police Andrieux se soit vanté d'avoir fait les fonds du journal pour arriver ainsi à surveiller les révolutionnaires. En réalité, Andrieux n'était parvenu qu'à glisser dans la rédaction le mouchard Serreaux, qui ne put découvrir aucun secret, justement à cause de cette décentralisation et de cette autonomie individuelle qui rendent les anarchistes peu vulnérables.

---

**16 SEPTEMBRE 1889.** — Fin de la grève des docks à Londres. Les compagnies feignent d'accéder à l'augmentation de salaire, réclamé par les ouvriers : Le 4 novembre, c'est-à-dire dans deux mois, le salaire sera élevé à 60 cent. l'heure pour le travail de jour, et à 80 cent. pour le travail de nuit ; maigre résultat !

Cette grève avait mis debout 200.000 travailleurs, car le mouvement s'était étendu à d'autres corporations. Dans une ville sans garnison, comme Londres, rien n'eût été plus facile avec une poussée révolutionnaire, que de culbuter la bourgeoisie, mais avec l'esprit anglais méthodique, froid, enclin aux transactions, l'élan fit absolument défaut.

D'autre part, le cardinal Manning, un des agents les plus actifs du socialisme chrétien, cet immense traquenard tendu au sentimentalisme inconscient des masses, s'empressa, suivi par tout son clergé, d'interposer sa médiation ; le lord-maire et toute la bourgeoisie intelligente l'appuyèrent : résultat, les compagnies cédèrent mais la révolution émancipatrice fut évitée.

A côté de ce déplorable esprit de soumission, il faut reconnaître que les grévistes, soutenus par toutes les associations ouvrières d'Angleterre et d'Autriche, montrèrent une grande solidarité et du sens pratique.

Ce n'était pas tout d'encaisser les 50 à 75 mille francs qui arrivaient chaque jour, il fallait les répartir, les transformer en vivres : cela se fit de soi-même, anarchiquement, avec des groupes de volontaires, sans décrets, sans élections, sans galons et sans hiérarchie.

Cette masse ouvrière élabora spontanément, pour se nourrir et nourrir avec elle ses femmes et ses enfants, en tout près de 1 million d'êtres humains, une immense organisation de restaurants et de buffets improvisés, où arrivaient régulièrement distribuées des montagnes de pains et de viandes-conserves.

De plus cette grève, qui fut certes un des plus grands mouvements de masses ouvrières et, à ce titre restera inoubliable, démontra que dans l'etat actuel du machinisme, le travail pourrait être rendu attrayant.

Plusieurs compagnies en l'absence de leurs ouvriers, avaient fait appel à leurs commis d'écriture, aux fils des directeurs et autres jeunes gens. Ceux-ci se mirent gaiement à la besogne, sous les indications cordiales de quelques personnes expérimentées. Travaillant à loisir, sans se surmener, mangeant à leur faim, et buvant à leur soif, couchant la nuit dans les cabines des navires en déchargement, chantant le soir autour du piano, ils trouvèrent dans leur besogne un exercice musculaire bien agréable après les journées passées dans leurs bureaux.

Fourrier avait raison de parler du travail attrayant, travail qui sera le seul connu dans une société donnant à tous la liberté et le bien-être.

**20 SEPTEMBRE 1882.** — A Lyon, le journal anarchiste *l'Emeute* est poursuivi.

**28 SEPTEMBRE 1883.** — Inauguration, au Niederwald, de la statue de la *Germania*, que Reinsdorf et ses amis tentent de faire sauter avec de la dynamite, ensevelissant sous ses décombres le tyran d'Allemagne et toute sa séquelle. Cette hardie tentative échoua malheureusement, et ses auteurs furent arrêtés.

**29 SEPTEMBRE 1886.** — A Bourbilly (Côte-d'Or), un brave cultivateur du nom de Cordin reçoit à coups de bâton un huissier qni venait lui signifier un acte. Pour se défendre le chicanous est obligé de tirer des coups de révolver. Son agresseur est arrêté, — tant pis ! — mais l'huissier est dans un état lamentable, — tant mieux ! Bonne petite propagande par le fait.

**30 SEPTEMBRE 1877.** — Grève des mineurs belges dans le Borinage : la force armée accourt défendre les capitalistes, un ouvrier est tué et plusieurs blessés.

# Octobre

**2 OCTOBRE 1886.** — Beautés de la justice ! Dans la province d'Oran, on guillotine deux indigènes. Deux fois, le couperet tombe sur la tête du condamné Azza sans pouvoir la détacher. Le bourreau s'empare d'une scie, mais il ne réussit pas mieux. Il replace le condamné sur la bascule et fait de nouveau fonctionner la guillotine : au troisième coup, la tête tombe

Les anarchistes, traités de buveurs de sang parce qu'ils proclament qu'une transformation sociale ne pourra s'accomplir pacifiquement, n'ont certainement jamais rêvé monstruosités comparables à celles accomplies sous les auspices de l'Etat. La lutte pour le bien-être et la liberté a ses implacables nécessités, mais il est bien loin de la pensée des libertaires d'élever la terreur et l'assassinat en système social.

* * *

**7 OCTOBRE 1882.** — Poursuites dirigées contre le compagnon Cyvoct, à Lyon, pour excitation à la guerre civile.

* * *

**12 OCTOBRE 1884.** — Les bourreaux autrichiens pendent le compagnon Kammerer, qui avait exécuté le mouchard Hlubeck.

* * *

**14 OCTOBRE 1887.** — Grand meeting des ouvriers sans travail à Trafalgar Square (Londres). Des milliers de mécontents déploient le drapeau rouge et noir, luttent contre la police et menacent les boutiques des boulangers.

* * *

**16 OCTOBRE 1887.** — A l'issue d'un grand meeting, organisé à Paris, salle Favié, par la Ligue cosmopolite, le compagnon Méreaux, assailli à coups de sabre par les policiers, sans provocation de sa part, riposte à coups de revolver. Il blesse un de ses agresseurs et, grièvement atteint lui-même, tombe entre leurs mains.

---

**18 OCTOBRE 1882**. — Commencement du procès de Montceau-les-Mines, intenté à vingt-trois accusés.

---

**20 OCTOBRE 1882**. — Râfle, à Paris, d'une demi-douzaine de militants anarchistes. Le gouvernement prélude au procès de Lyon.

---

**21 OCTOBRE 1882**. — Une main inconnue jette une bombe, place Bellecour à Lyon, devant le café de l'*Assommoir*, où se réunissait la haute gomme bourgeoise. Morts et blessés. Cette affaire servira de prétexte pour la condamnation à mort de Cyvoct, simplement reconnu coupable d'avoir géré un journal anarchiste.

---

**25 OCTOBRE 1878**. — Jean-Oliva Moncasi tire un coup de pistolet sur Alphonse II, tyran gommeux de l'Espagne. Le monarque n'est pas atteint; le révolutionnaire est arrêté.

---

**28 OCTOBRE 1889**. — Mort de Nicolas Tchérnichewsky. Fils d'un pope, il s'était voué à éclairer les pauvres paysans russes. Son principal ouvrage, *Que faire?* roman à thèse, contient les pensées les plus profondes sur l'analyse des hommes et de la société, la liberté de l'amour et les résultats heureux de l'association égalitaire. C'était trop pour l'empire des czars : Tchérnichewsky expia pendant trente ans, dans les steppes de la Sibérie, le crime de penser. L'autocrate russe se donna le luxe de le gracier peu de temps avant sa mort !

---

**30 OCTOBRE 1883**. — Explosion de dynamite dans le bâtiment de la police, à Francfort-sur-le-Mein (Allemagne).

# Novembre



---

**4 NOVEMBRE 1890**. — Procès Pini, où un homme de cœur et de volonté énergique, qui dévalisait la caste ennemie, tant pour faire fructifier la propagande que pour soulager des misères, a le courage de dire à ses juges : « Je ne suis pas un voleur ; je reprends, dans un but social, les richesses *volées* par les bourgeois. »

Pini, italien d'une trentaine d'années, esprit remarquablement intelligent, servi par une force herculéenne, était né d'une famille pauvre. Dès sa plus tendre enfance, il subit le martyre de l'apprentissage dans une imprimerie où le patron ne lui épargnait pas les coups. Il devint républicain, mais il s'aperçut bientôt que les bourgeois démocrates n'étaient que d'ambitieux charlatans, grisant le peuple avec de grands mots pour grimper sur ses épaules à l'escalade du pouvoir. Il devint alors socialiste, mais, là encore, il vit sourdre les égoïstes appétits. Venu à Paris, il se trouva naturellement en relations avec des prolétaires qui pensaient et il ne tarda pas à comprendre l'idée anarchiste.

Mais Pini, terrible logicien, était aussi trop homme d'action pour rester les bras croisés, après avoir proclamé théoriquement que le capital est le fruit du vol. Nul ne fit plus que lui guerre acharnée à la propriété bourgeoise. Avec l'aide de quatre individus, ceux-là inconscients et n'attribuant pas à leurs actes une idée de guerre sociale, Pini dévalisa les riches propriétaires de Paris et des environs. La valeur totale de ses détournements s'élevait, suivant l'instruction, à quatre ou cinq cent mille francs ; mais il est évident que la portion utilisable ne s'est élevée qu'à une faible partie de cette somme. Ce qui lui revenait sur cet argent servait à l'expropriateur anarchiste, non à s'amuser comme un vulgaire bourgeois mais à publier des manifestes, à soutenir les journaux anarchistes. Il avait monté une imprimerie qui lui servait surtout à la propagande en Italie. Son arrestation fut motivée par un fait étranger aux vols. Les manifestes virulents publiés par Pini et son dévoué ami, le compagnon Parmeggiani, contre les socialistes et même pseudo-anarchistes, endormeurs ou accapareurs de mouvements, excitèrent naturellement la colère de ces bonzes. L'un d'eux, le journal *Celso-Ceretti*, publia un article dans lequel les auteurs du manifeste étaient traités de mouchards. Aucune rectification n'ayant suivi cette calomnie, Pini et Prameggiani firent un tour en Italie et, le couteau à la main, infligèrent une leçon à leur déloyal ennemi, sans le tuer toutefois, ce qu'il leur était facile de faire ; les deux justiciers quittèrent ensuite l'Italie. Leur signalement, communiqué à la police de Paris, fit arrêter Pini et, en découvrant l'amas d'objets amoncelés chez lui, on fut bientôt sur la trace des vols. A l'audience, Pini fut admirable : pour disculper ses compagnons d'assises, il prit à sa charge tous les actes commis.

Me Labori, l'avocat qui avait déjà plaidé pour l'expropriateur Duval, présenta la défense de Pini, le président des assises ayant refusé la parole à un coreligionnaire de l'accusé et n'ayant pas laissé ce dernier lire un manuscrit dans lequel il avait retracé l'histoire de sa vie et l'évolution de ses idées. L'avocat eut le tact de respecter les idées et la personnalité de l'anarchiste.

Si étrange, dit-il, que cela puisse paraître après l'attitude même de Pini à cette audience, je pourrais solliciter votre indulgence, et, retraçant plus d'un épisode émouvant de mon client, sa vie de misère et de privations, son enfance malheureuse au sein d'une famille nombreuse et sans ressources, je saurais encore trouver le chemin de vos cœurs.

Il n'est pas jusqu'à cette exaltation même que je ne puisse invoquer, si je voulais exciter votre pitié ; elle est la marque d'une passion aveugle, en laquelle se trouve presque une excuse des faits qui lui sont reprochés ; ce sont pour lui des actes de revendication sociale, d'expropriation légitime et non des crimes.

Je pourrais donc, en dépouillant cette affaire des circonstances qui lui donnent un caractère particulier, en me plaçant en dehors de l'accusé, en répudiant son système de défense, m'adresser, et ce ne serait pas en vain, à votre clémence.

Mais Pini ne me le permettrait pas.

C'est que vous n'avez pas devant vous un accusé vulgaire.

Il se rattache à un groupe d'hommes ardents, convaincus, qui ont fait de la destruction radicale de l'ordre social actuel, l'étrange préoccupation de leur vie : qui traitent la société comme une ennemie implacable et la menacent sans répit, la frappent quand ils en trouvent l'occasion ; mais qui, lorsqu'ils sont terrassés à leur tour, refusent de se laisser contraindre, considérant comme une lâcheté de se soumettre et entendant être traités non en coupables, mais en vaincus.

De tels hommes sont bien différents de nous : ils nous étonnent et ils nous effraient, leur idéal est pour nous chimérique, mais enfin c'est un idéal. Leur religion veut des convictions sincères, ne reculant devant aucun obstacle.

Il faut que je vous dise, messieurs les jurés, ce que sont les anarchistes, cela est absolument essentiel pour que vous mettiez les choses sous leur vrai jour.

Convaincus que les institutions corrompent les hommes, que nulle amélioration n'est à attendre d'un mouvement légal, frappés de la stérilité des discussions publiques pour opérer l'évolution nécessaire, épris de la liberté jusqu'à l'exaltation, la furie, ils veulent tout détruire, tout bouleverser.

Ils pensent qu'après avoir fait table rase de toutes les institutions actuelles et des liens sociaux co-existants, les hommes naturellement bons, deviendront naturellement heureux.

Ils se sont donné la mission tragique, effrayante, de venger ceux qui souffrent, sacrifiant la propriété et, au besoin même, la vie de ceux qui sont un obstacle dans leur marche en avant. Considérant comme un apostolat ce qui, pour nous, est un crime, ils ont fait le sacrifice de leurs personnes.

Comment s'étonner de ce que les plus déshérités, ceux que la douleur matérielle accable, se révoltent ?

Ce sont des désespérés et des sincères qui sont là sur ces bancs ; car s'il y a dans la vie des charlatans, le charlatanisme tombe quand on est devant ses juges.

Pini, comme naguère Duval, a d'immenses qualités de cœur : il vole pour donner. Du reste, on ne peut rien lui reprocher au point de vue des mœurs. S'il prend aux uns pour donner aux autres, c'est qu'il veut faire œuvre de justicier social. Ce n'est point pour alimenter une vie de débauche et de plaisirs qu'il commet cette série de faits qui lui sont reprochés ; il agit en vue d'un intérêt supérieur.

Pour qu'un avocat bourgeois tienne un pareil langage, il faut réellement que les conceptions des accusés anarchistes et les qualités morales de ceux-ci, l'aient fait réfléchir, lui aient imposé l'admiration et le respect.

Sur les cinq accusés, une femme seule fut acquittée ; trois autres eurent respectivement 10, 5 et 2 ans de réclusion ; Pini, lui, fut condamné à 20 années de travaux forcés. « Vive l'Anarchie ! A bas les voleurs ! » cria, au prononcé de la sentence, le vaillant anarchiste qui avait à plusieurs reprises répété aux représentants de la bourgeoisie exploitrice : « Non, je ne vole pas : j'exproprie. »

Pini, comme Duval, fut logique. Reprendre aux spoliateurs de la richesse sociale, à l'usinier exploiteur, au rentier oisif et cependant vivant bien, à l'agioteur cynique, au propriétaire, à l'Etat une parcelle de ce qu'ils ont soutiré à la masse, et faire servir ce nerf de la guerre à l'émancipation de tous ou même au soulagement de quelques-uns est une œuvre salutaire.

Il est vraiment douloureux d'avoir à constater qu'il se rencontre parmi les compagnons quelques camarades qui vont jusqu'à condamner formellement les actes du genre de celui ou plutôt de ceux qui ont valu à Pini 20 années de travaux forcés.

Ces compagnons disent : la société bourgeoise repose sur le vol ; ce n'est pas en le pratiquant, ce n'est pas en l'approuvant, ce n'est pas en le conseillant, que nous bouleverserons l'édifice social. Le vol est un procédé bourgeois, il ne peut être un procédé révolutionnaire.

Nous répondons : L'autorité repose sur la force, sur la violence. Est-ce une raison pour avancer que la force étant une méthode autoritaire, elle ne peut-être mise au service de l'idée libertaire ? Est-il un anarchiste, un seul, qui ne sache que la violence seule est libératrice et féconde ?

Sans doute, le vol pas plus que l'assassinat ne nous plaisent, puisque nous aspirons à une humanité dans laquelle il n'y aura plus de place pour l'assassinat ni le vol : mais vivant dans une société que nous subissons jusqu'à ce que nous l'ayons renversée, nous nous trouvons en face d'une nécessité devant laquelle nous nous inclinons.

Volés, assassiné tous les jours et à tout instant, les prolétaires le sont. Et lorsque de ce'te masse grouillante et soumise surgit un bras plus solide, une nature plus virile, un tempérament plus mâle, un caractère mieux trempé qui saisit le couteau dirigé contre sa poitrine et celle de ses frères et le retourne contre les voleurs et les assassins, derrière ce camarade, en état de légitime défense, *ce qui excuse tout*, se révoltant ou pour lui-même ou pour ses co-esclaves, tous les compagnons ne doivent-ils pas se dresser à leur tour, se solidariser avec lui, commenter, expliquer, justifier et glorifier son acte de revendication ? Allons donc !

Nous approuvons 1° Pini volant, 2° Pini affectant à la propagande le produit de son vol ; 3° Pini revendiquant fièrement en cour d'assises l'acte qui l'y a fait traduire. Mais si Pini, devant ses juges, eût eu une attitude piteuse, si Pini, ayant exproprié des bourgeois, eût gardé pour son personnel usage le fruit de ses vols, nous le déplorerions, sa personnalité nous serait beaucoup moins sympathique, mais nous approuverions quand même Pini volant au risque de sa liberté.

Les anarchistes proclament sans cesse que viles, injustes, méprisables sont les origines de la propriété, de cette institution que régit le Code, que consacrent les lois et défendent la magistrature, la police, l'armée, la gendarmerie, les prisons. On se demande par suite de quelle aberation, ceux qui comprennent et proclament cette vérité peuvent désapprouver le vol, c'est-à-dire tout acte condamné par le même Code, flétri par les mêmes lois, puni par les mêmes repressions.

Si, ayant, par le vol défini comme ci-dessus, mis la main sur une fortune, le voleur s'en sert pour vivre en parasite ou en exploiteur, cela ne modifie pas notre opinion. Nous combattons l'exploiteur et le parasite, mais nous approuvons le voleur. Il y a, dans ce cas, deux actes successifs et non simultanés, le vol lui-même et l'affectation qu'on donne au produit volé. Nous nous réservons de blâmer où d'approuver le second ; nous applaudissons toujours au premier.

Pour finir, disons que nous avons reçu dernièrement avec une joie profonde la nouvelle de l'évasion de Pini. Bravo, hardi compagnon !

---

**5 NOVEMBRE 1887,** Fischer, condamné à mort par les juges assassins de Chicago, écrit à son ami Most la belle lettre suivante :

Cher ami Most,

Puisque nous n'avons plus que six jours à vivre, je veux te faire mes adieux. Tu sais par les journaux que quatre d'entre nous ont refusé la grâce, c'est-à-dire la commutation de la sentence, et demandent la liberté ou la mort. La liberté ne nous sera pas donnée par les gouvernants, reste donc la mort.

Tu comprendras, Johann, que le souvenir de ma chère femme et de mes trois petits enfants me rend souvent le cœur gros, mais — loin de moi, tentation !

La Révolution Sociale a besoin de forces pour la faire marcher, et notre noble cause, l'Anarchie, a besoin de martyrs. Ainsi soit fait ! Je suis heureux de donner ma vie à notre noble cause.

Lorsque de pauvres garçons paysans répondant à l'appel des rois et des empereurs, viennent volontiers sacrifier leur vie sur l'autel de la tyrannie par la grâce de Dieu, — les combattants pour la vraie liberté, l'Anarchie, ne doivent-ils pas aussi donner leur vie pour le triomphe de nos grands et nobles principes ?

Devons-nous nous montrer à nos ennemis comme des poltrons qui ne tiennent à un principe qu'autant qu'ils le peuvent sans même se brûler un doigt ? Non, jamais ! Nous devons montrer à nos adversaires que les anarchistes savent mourir pour leurs principes. J'ai été fidèle à nos principes, je le serai par ma mort. — Je te fais donc mes adieux.

Reste aussi fidèle à notre grande cause que tu l'as toujours été et porte notre bannière haute, toujours en avant, quelles que soient les tempêtes qui sévissent et rendent la tâche difficile.

Je désire que tu vives encore jusqu'aux jours du grand combat. Ah, certes, j'aurais bien voulu moi-même tomber dans ce combat à l'ombre de notre cher drapeau rouge. Mais cela ne devait pas être. J'étais fermement décidé de mourir comme pionnier, comme avant-garde du combat. Ainsi, — adieu !

Vive la Révolution Sociale ! — Vive l'Anarchie !

Je t'embrasse fraternellement.

Ton compagnon,      Adolphe FISCHER.

*P. S.* — Salut aux compagnons et amis. Prenez soin à ce que ma famille ne périsse pas dans la misère et que les enfants reçoivent une éducation.      Ton ADOLPHE.

---

**6 NOVEMBRE 1889** — A la prison de Kara (Sibérie), la prisonnière politique Nadine Shida, s'étant révoltée contre la sauvagerie du directeur, reçoit par ordre du czar Alexandre II, allié de la République Française, cent coups de fouet, dont elle meurt le surlendemain.

---

**7 NOVEMBRE 1882.** — A Vienne (Autriche), le peuple et la police en viennent aux mains : nombreux blessés.

---

**11 NOVEMBRE 1887.** — Les propagandistes anarchistes Parsons, Spies, Engel et Fischer, condamnés à mort pour crime d'opinion, sont pendus à Chicago. Lingg, condamné à la même peine, s'était suicidé peu avant en écrasant sous ses dents une capsule de fulminate. La mort héroïque de ces amis du peuple, comparée à celle de John Brown, pendu lui aussi quelque vingt ans auparavant par les esclavagistes, produit une commotion dans le monde entier et, aujourd'hui encore, est commémorée, principalement par les anarchistes espagnols. « Salut, s'était écrié Spies marchant au supplice, temps où notre silence sera plus puissant que notre parole qu'on étrangle ! » Trois autres de leurs amis, Schwab, Neebe et Fielden, comme eux profonds penseurs et militants énergiques, avaient été envoyés au bagne.

---

**12 NOVEMBRE 1889.** — Grève des mineurs à Spring Walley (Etats-Unis). Malgré des privations atroces, les malheureux tiennent bon et ne veulent pas retourner à leur travail sans augmentation de salaire. Une mère reste malade au lit, à côté du cadavre de son enfant, sans que le mari privé de tout, exténué lui-même, puisse secourir la malade ou faire enterrer le petit mort. Les grévistes de Coal Run donnent dans le piège d'un arbitrage qui leur impose le travail à 5 cents (25 centimes) plus bas que la demande pendante de leurs camarades des autres mines. Un millier d'affamés marchent, jour et nuit, vers Rock Island Depot, attendant le train de vivres envoyé à leur secours.

Nous sommes, s'écrient dans un appel les mineurs de Spring Valley, condamnés à mourir de faim si l'on ne vient pas à notre aide. Nous recevons tous les sept ou huit jours du comité de soutien un peu de farine et de viande salée, ce qui représente à peine la dixième partie du nécessaire pour apaiser la faim de nos femmes et de nos enfants... Jusqu'à présent nous avons supporté sans nous plaindre toutes les privations; mais aujourd'hui...

La misère est générale chez les mineurs de Pensylvanie et de l'Ohio ; ne faut-il pas que les prolétaires d'Amérique meurent de faim, même lorqu'ils travaillent, pour entretenir des milliardaires comme les Jay-Gould, les Mackay et les Vanderbilt?

---

**13 NOVEMBRE 1878**. — Bataille, à Londres, entre le peuple et la force armée, qui prétend empêcher tout meeting à Trafalgar Square. Deux cents blessés restent sur le terrain.

---

**17 NOVEMBRE 1878**. — Le cuisinier Passanante tente de frapper le roi d'Italie d'un coup de couteau. Arrêté après une défense énergique, il exprime sa haine de la tyrannie et sa compassion pour la plèbe croupissant dans la servitude.

---

**18 NOVEMBRE 1890**. — Attentat de Padlewski. — Hôtel de Bade, à Paris, habitait, depuis le 3 novembre, un monstre à face humaine, le général Seliwerstoff, ancien chef de la police russe qui, en quelques mois de fonctions, avait fait déporter en Sibérie, au hasard, plus de vingt mille personnes. Il était venu, en France, moucharder pour le compte de son maître, avec l'appui du gouvernement républicain.

Le 18, vers midi, son domestique l'avertit qu'un homme désirait lui parler.

— Que veut-il ? interrogea le scélérat. — C'est, répondit le domestique, un employé de M. de Bernoff, qui tient le salon franco-russe installé rue Royale, dans le local de l'Institut Rudy.

Ce salon était une sorte de lieu interlope où affluaient mouchards et prostituées de haute volée. Le général, âpre jouisseur, flaira une petite orgie aristocratique et donna l'ordre d'introduire le messager, qui lui remit effectivement une invitation de M. de Bernoff. Tous deux restèrent seuls ensuite. Puis, le porteur de la missive sortit le plus naturellement du monde.

Lorsque, au bout de vingt-cinq minutes, le domestique, étonné de n'entendre aucun bruit, entra dans la pièce, il recula épouvanté.

Son maître, assis dans son fauteuil, ne faisait aucun mouvement, un filet de sang rougissait sa chevelure.

Justice avait été faite ! Un seul coup de révolver, tiré à bout portant, avait eu raison de l'ancien chef de la police.

Le général Séliwerstoff rendit le dernier soupir dans la nuit, sans avoir pu proférer une seule parole.

L'employé de M. de Bernoff, Padlewski, avait vengé ses frères les nihilistes. Des amis, aidés de souscriptions recueillies parmi la colonie russe, purent l'aider à gagner l'étranger.

**21 NOVEMBRE 1887.** — Les compagnons Devertus, Bal et Massey, comparaissent devant la Cour d'assises de Laon, pour discours révolutionnaires et sont condamnés, le premier à un an de prison, les deux autres à trois mois.

**23 NOVEMBRE 1884.** — A la sortie d'un meeting d'ouvriers sans travail, tenu à Paris, salle Lévis, et où les anarchistes l'emportent, le mouchard Pottery et l'officier de paix Florentin reçoivent une râclée. Arrestations nombreuses.

**25 NOVEMBRE 1883.** — Disparition, sous les poursuites, du journal anarchiste *Le Drapeau noir*.

# Décembre

**1er DÉCEMBRE 1890**. — Le compagnon Villemejeanne, arrivé au corps depuis dix jours, étale quatre paquets de cartouches en pleine chambrée et tire dessus, décidé à se faire sauter avec la caserne. Arrêté, il déclare : « J'ai » voulu protester avec éclat contre la loi militaire. Pour » moi, le soldat est un esclave, le militarisme est la plaie » de toute civilisation. »

**4 DÉCEMBRE 1881**. — Le commissaire de police Kadlec, voulant dissoudre une réunion publique anarchiste, à Vienne (Autriche), est grièvement blessé par les révolutionnaires qui résistent aux sbires.

**8 DÉCEMBRE 1890**. — Les compagnons Jahn, Bernard et Colas, dénoncés aux vengeances bourgeoises par les socialistes autoritaires, sont condamnés chacun à un an de prison et 100 francs d'amende pour crime de conférence anarchiste.

**8 DÉCEMBRE 1890**. — Faugoux, gérant du *Père Peinard*, est condamné par la Cour d'assises de Paris à deux ans de prison et trois mille francs d'amende, dose habituelle réservée aux gérants de cette vaillante feuille.

**9 DÉCEMBRE 1883**. — A Lyon. le journal anarchiste l'*Emeute* remplace *Le Drapeau noir*.

**11 DÉCEMBRE 1883**. — Le compagnon Cyvoct est condamné à mort par les juges de Lyon pour le crime d'avoir géré un journal anarchiste à l'époque où une main restée inconnue lançait une bombe sur le café de l'Assommoir, rendez-vous de la prostitution élégante.

**15 DÉCEMBRE 1883.** — Exécution d'un policier par les anarchistes de Vienne (Autriche).

**17 DÉCEMBRE 1888.** Les compagnons Bordat et Croizier font, à Roanne, une vigoureuse conférence anarchiste, pour laquelle ils sont condamnés, le premier à 2 ans de prison, le second à 1 an de la même peine.

**18 DÉCEMBRE 1890.** La Cour d'assises de Douai condamne à 10 ans de travaux forcés et 15 ans d'interdiction de séjour l'anarchiste Lorion qui, traité calomnieusement de mouchard par le *Cri du Travailleur*, journal socialiste autoritaire, avait convié ses insulteurs à un débat public et, arrêté par la police, s'était défendu à coups de révolver. L'énergique propagandiste, qui se défend lui-même, termine son discours par ces fières paroles :

« Dans le malheur qui me frappe, je ressens une
» grande satisfaction, car demain on dira que je me
» suis justifié, que je n'ai pas trahi mes principes. Si
» vous m'enlevez ma liberté, j'aurai gardé ma dignité. »

**19 DÉCEMBRE 1885.** — Affiches anarchistes placardées à Lyon pendant la nuit.

**20 DÉCEMBRE 1885** — A Roubaix, trois compagnons, attaqués par des policiers au sortir d'une conférence, rossent leurs agresseurs; légitime défense qui coûtera à chacun d'eux six mois de prison.

**21 DÉCEMBRE 1889.** — Le procès intenté, devant les Assises de Neufchâtel, aux compagnons Nicolet, Darbellay et Henri, poursuivis comme auteurs et propagateurs du *Manifeste aux suisses*, se termine par un acquittement dû à un amusant coup de théâtre.

A la suite du violent réquisitoire du procureur général Stockmar, le compagnon Nicolet demande et obtient la permission de lire les vers suivants :

Pourvoyeurs de la mort, ô rois! quand viendra l'heure
Où, dans leurs larges mains, les peuples briseront
Tous les hochets pompeux dont votre orgueil les leurre,
Dans leurs sombres linceuls, les morts tressailleront,

O rois ! quand viendra l'heure infaillible et prochaine
Où, vengeant en un jour la conscience humaine,
Vous fuirez éperdus, conspués et maudits,
Où les trônes, les sceptres et les glaives infâmes,
Avec les échafauds seront jetés aux flammes,
La terre entonnera des hymnes inouïs.
La coupe du sang veut une dernière goutte .
Ce sang sera le vôtre, ô tyrans ! et la route
Que pourra suivre enfin la libre humanité
Lui montrera le but divin : « Fraternité ».

— Voilà de beaux vers, ajouta le lecteur. Ils répondent éloquemment, quoique en termes bien plus violents et plus passionnés que ceux du manifeste, aux attaques de M. Stockmar contre les anarchistes ; ils ont, de plus, ce rare mérite d'être d'un procureur-général, et ce procureur-général, qui réfute si bien M. Stockmar, est M. Stockmar lui-même. Voir la *Tribune du Peuple*, de Délémont, à la date indiquée.

Ce fut un coup de foudre : le procureur-général resta coi et les jurés durent prononcer l'acquittement.

---

**23 DÉCEMBRE 1884**. — Meeting orageux, salle Lévis, à Paris. Une commission de soi-disant ouvriers sans travail, comprenant les chefs blanquistes et guesdistes, avait convoqué le ban et l'arrière-ban des socialistes autoritaires pour donner plus d'autorité à leurs boniments, étouffer la voix des contradicteurs libertaires et se faire déléguer auprès des pouvoirs publics comme parlant au nom de la classe ouvrière. Au dehors, s'étendait la police gouvernementale , un escadron de municipaux stationnait prêt à charger. Dans la salle, les agents du quatrième-état, reconnaissables à une carte rouge passée à leur boutonnière, gardaient les issues de la salle et les abords de la tribune. Eudes, ancien général de la Commune, commandait en chef les forces autoritaires. Lorsqu'il s'agit de former le bureau, les blanquo-guesdistes voulurent absolument imposer un président de leur choix et les anarchistes durent écraser de projectiles les membres du bureau pour ne pas se laisser escamoter les tours de parole. A la fin, les libertaires l'emportèrent et, sans abuser de leur victoire, décidèrent de faire alterner les orateurs.

Je ne comprends rien aux distinctions d'écoles socialistes,

déclara le citoyen Crébillon, indépendant, mais j'ai déjà vu les anarchistes salle Chaynes et tout s'est passé avec calme. Ce qui provoque le tumulte d'aujourd'hui, ce sont les prétoriens massés autour de la tribune... Les sans-travail ne veulent plus s'adresser au pouvoir qui les fait condamner comme vagabonds quand ils sont sans gîte et sans pain. Voilà pourquoi, dans les trois meetings qui ont eu lieu, nous avons repoussé, nous, la grande masse des meurt-de-faim, les politiciens qui n'ont pas foi en la révolution parce qu'ils ont mangé et qu'ils ont des souliers qui ne prennent pas l'eau.

Le citoyen Guesde doit retirer les résolutions légalitaires de la Commission devant les huées de la foule, laquelle décida un meeting en plein air pour la première quinzaine de janvier.

**29 DÉCEMBRE 1885.** — Les compagnons de Lyon placardent sur les principaux bagnes industriels des affiches portant en grosses lettres : « *Mort aux exploiteurs !* » Nombreuses perquisitions opérées par la police.

**30 DÉCEMBRE 1879.** — Attentat infructueux de Francesco Otéro contre Alphonse XII, roi d'Espagne. Le révolutionnaire est arrêté.

**31 DÉCEMBRE 1889.** — Beautés de l'ordre social ! A Fijeac, un pauvre diable, du nom d'Alabosse, arrêté pour un vol insignifiant, avait murmuré à son gardien, en voyant la neige tomber à flocons : « Si je pouvais me faire garder ici tout l'hiver ! » Aussi, à l'audience, étant condamné seulement à quarante-huit heures de prison, il injuria ses juges qui, prévenus de son secret désir, eurent la cruauté de ne le condamner qu'à vingt-quatre heures d'emprisonnement.

Faut-il que la société soit dure aux déshérités pour qu'il se trouve parmi ceux-ci des gens sacrifiant, de parti pris, leur liberté contre la boule de son et la puante paillasse de la prison !